Nikolaus Nützel

WAS IST LIEBE?

Eine Frage, viele Antworten

arsEdition

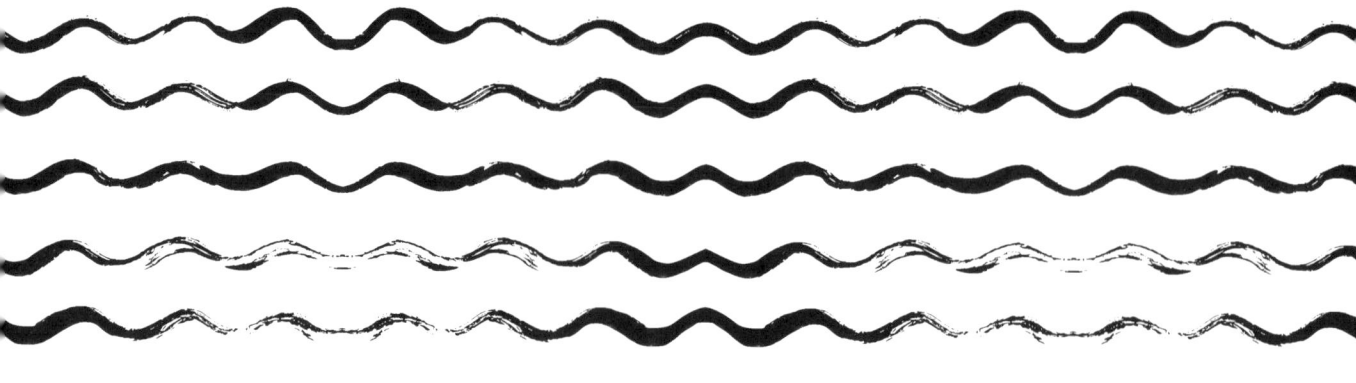

»Offenbar ist es tatsächlich die
Liebe, die die Welt antreibt.
In diesem Jahr lag ›Was ist Liebe?‹
an der Spitze der Fragencharts.«

Aus dem Google-Jahresrückblick 2014

Inhalt

LIEBE IST

... schrecklich schön,
aber auch schön schrecklich.

(sagt Alina, 16)

... stärker als Arnold Schwarzenegger.

(sagt Michael, 15)

... die Erfüllung einer unendlich
großen Sehnsucht.

(sagt Anna, 15)

... ein Brot.

(sagt Elias, 15)

... wenn die Ecken einer Person
perfekt auf die Kanten einer
anderen passen, so nach dem
Schlüssel-Schloss-Prinzip.

(sagt Lea, 16)

... scheiße.

(sagt Manuel, 15)

Warum es dieses Buch eigentlich gar nicht geben kann:

Drei Einwände – und drei Gegenargumente

Ein Sachbuch über die Liebe? Vor allem an Jugendliche gerichtet? Was soll das?

Erster Einwand: Die Liebe ist doch keine Sache!

Gegenargument: Stimmt schon, es gibt Sachbücher über die Liebe, die man getrost als misslungen bezeichnen kann. Aber soll man deswegen gar nicht erst versuchen, über die Liebe nachzudenken? Und zu schreiben?

Fast alle Menschen machen sich immer wieder Gedanken über die Liebe. 16-Jährige denken intensivst übers eigene Verliebtsein nach.

Die Eltern der 16-Jährigen zerbrechen sich den Kopf darüber, ob sie ihre Töchter und Söhne eigentlich noch lieben, wo diese pickligen Pubertiere nun gar nicht mehr so recht die süßen Kinder von früher sind. Die Eltern der 16-Jährigen grübeln außerdem darüber, ob sie einander noch lieben.

Und alle miteinander fragen sich: »Was ist das eigentlich: Liebe?«

Wenn man Gedanken zu solchen Fragen in schriftliche Form bringt und auf Papier druckt, hat man ein Buch. Ein Sachbuch.

Zweiter Einwand: Will ein 50-Jähriger allen Ernstes 15- oder 19-Jährigen die Liebe erklären?

Gegenargument: Der 50-Jährige war auch mal 15. Auch 19 war er mal. Und wenn ein 50-Jähriger den Teenagern die Naturgesetze erklärt, denen der Kosmos gehorcht, hat ja auch keiner ein Problem damit.

Dritter Einwand: Ist das nicht fürchterlicher Seelenstriptease? Da muss man ja vermuten, dass der Autor die ganze Zeit seine eigenen Liebesgeschichten erzählt. Das ist ja kaum auszuhalten.

Gegenargument: Da ist was dran. Aber da müssen wir durch, der Autor und die Leser. Und: Vieles von dem, was in diesem Buch steht, sind Geschichten anderer Leute. Darunter sind reale Personen und erfundene Menschen. Sie haben eines gemeinsam: Ihre Geschichten sind nicht die des Autors. Also kein Seelenstriptease, versprochen.

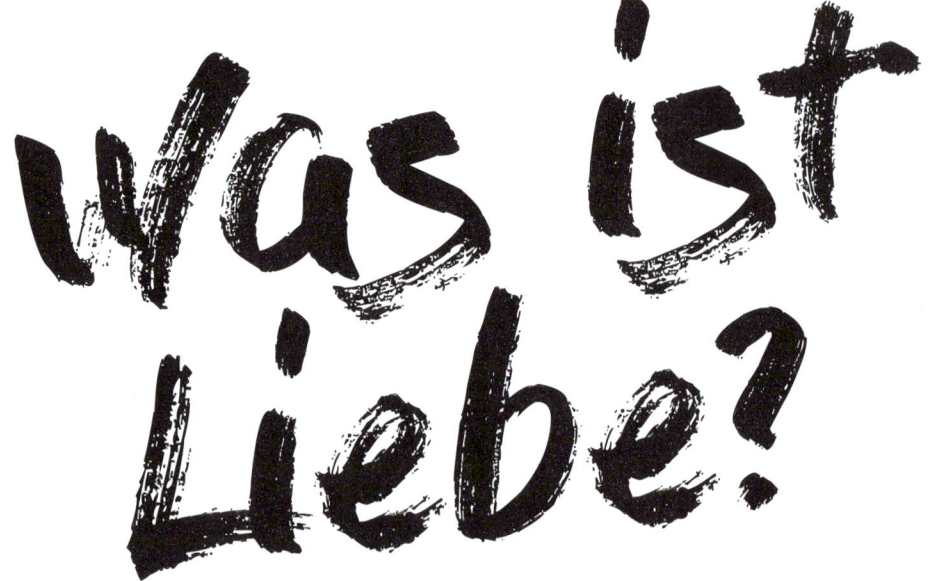

Was ist Liebe?

ANTWORT 1:
»MÄNNLICHE GEHIRNCHEMIE ZUM ZWECK DER FORTPFLANZUNG.«

Oder:
Was Ereignisse auf einer Party damit zu tun haben könnten, wie die moderne Wissenschaft den Satz »Liebe ist ...« fortsetzt.

8

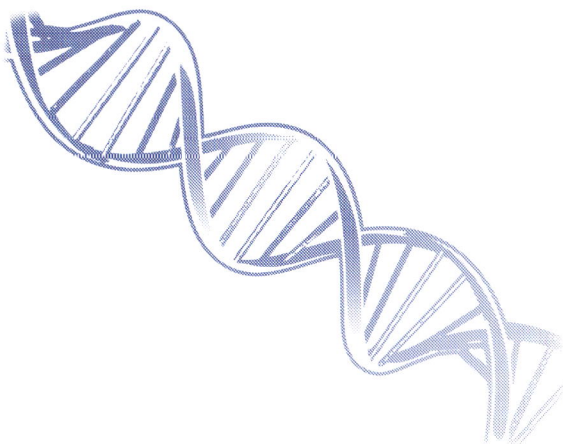

»A night to remember« hatte er auf die Einladungskarte geschrieben. Übergeben hatte er sie in einem Briefumschlag. Ganz unten auf die Karte waren die Buchstaben »R S V P« gedruckt. Typisch für Alexander. Die Feier seiner Volljährigkeit musste natürlich perfekt durchgestylt sein. Das passte zu seiner Vorliebe fürs Dandyhafte, die er über die vergangenen Jahre immer weiter kultiviert hatte. Oft war er im Sakko unterwegs. Er trug einen Ring mit drei eingravierten Buchstaben, aus dessen Herkunft und Bedeutung er ein großes Geheimnis machte. Nun also eine Einladung in eine extra angemietete Party-Location und jeder sollte antworten. Herauszufinden, dass »RSVP« für »répondez s'il vous plaît« – »Antworten Sie bitte« – stand, war das Erste, was vielen der Eingeladenen Kopfzerbrechen bereitete.

Ein noch weit größeres Rätsel würde fast allen später eine ganz andere Frage sein: Wie hatte Alexander es eigentlich geschafft, dass sie sich tatsächlich noch Jahre später an diese Party erinnerten? Eigentlich sogar noch Jahrzehnte später. Eine Antwort könnte sein: Es ist unbeschreiblich viel passiert auf diesem Fest. Zwischen Anna und Moritz, die sich küssten, wie Anna es bis dahin nicht erlebt hatte. Zwischen Michaela und Jonas, die sich ganz neu kennenlernten, obwohl sie vorher schon mehr als ein Jahr ein Paar waren. Zwischen Serap und Fabian, der etwas tat, was sie nie erwartet hätte.

Aber auch für Tom geschah auf dieser Party etwas, von dem er erst lange Zeit später verstand, dass es sein Leben veränderte. Genauso spielte die Party im Leben von Jakob und Lucas im Nachhinein betrachtet eine besondere Rolle, wenn auch vielleicht nicht so wie für Tom.

Und Alexander? Änderte sich etwas für ihn an diesem Abend, an dem er zum ersten Mal, rein rechtlich gesehen, als Erwachsener feierte? Nein. Doch dass sich nichts änderte, dass er nichts änderte – das würde er später einmal für einen der großen Fehler seines Lebens halten. Nur wusste er das in jener »night to remember« noch nicht.

Warum Anna fehl-geknutscht hat

Hatte das etwas mit Liebe zu tun? Anna schüttelte es am Morgen nach Alexanders Party ein wenig, wenn sie daran dachte, was passiert war. Sie hatte sich mit beträchtlichem Aufwand hergerichtet für dieses Fest, von dem schon seit Wochen geredet wurde. Die 16-Jährigen unter den Eingeladenen, zu denen sie gehörte, fanden die Sache noch etwas aufregender als Alexanders Gäste aus seinem eigenen Jahrgang. Oder gar die noch älteren, die dabei waren, wie Alexanders Bruder Paul. Anna jedenfalls hatte ihrer besten Freundin Nele im Fünf-Minuten-Takt Bilder geschickt, um mit ihr zu beraten, was sie anziehen, wie sie sich schminken sollte. Es sollte richtig gut werden. Wurde es aber nicht.

Am Morgen danach, als Nele ganz genau wissen wollte, wie es denn war, musste Anna gestehen, dass sie ausgerechnet mit Moritz herumgeknutscht hatte. Und zwar heftig. Mit Unters-T-Shirt-Fassen und allem Drum und Dran.

»Moritz? Der Moritz, den du sonst eher in die Kategorie Vollpfosten steckst?« Nele zog nur kurz erstaunt die Augenbrauen hoch, bevor sie Anna einen Vortrag hielt.

»Klarer Fall von Fehlknutschen. Aber warum? Du hattest nur einen Wodka mit Orangensaft? Dann scheidet Alkohol als Entschuldigung aus. Aber du warst gerade so etwa in der Mitte deiner Periode? Aha! Dann war Eisprung-Zeit, du warst fruchtbar. Also ist glasklar: Du wolltest eigentlich geschwängert werden. Sprich, du warst einfach rollig wie eine Straßenkatze. Dagegen konntest du gar nichts machen, das hat mit Hormonen zu tun. Und gegen die bist du machtlos. Genauso wie du gegen andere Sachen machtlos bist, die mit Chemie zu tun haben. Spezielle Duftstoffe, die der Typ durch das Schwitzen beim Tanzen pfundweise verbreitet hat, haben deinem befruchtungsbereiten Körper nämlich den Rest gegeben. Seine ganz eigene Geruchsnote hat deinem Hirn außerdem Informationen darüber geliefert, ob sich eure Immunsysteme so ergänzen, dass gemeinsame Kinder besonders widerstandsfähig wären. Wenn er auch noch ein markantes Kinn hat, das auf Dominanz hinweist, haben dir seine Gesichtsknochen gezeigt, dass er eure gemeinsamen Kinder gut gegen wilde Tiere verteidigen könnte. Du wiederum hast klare Signale zusätzlicher Attraktivität ausgestrahlt. Frauen und Mädchen in der fruchtbaren Phase ihres Zyklus tragen tiefere Ausschnitte, haben eine angenehmere Stimme, haben schönere Haut. Ist alles wissenschaftlich abgesichert. Also standen bei Alexanders Party, als du rumgeknutscht hast, eigentlich alle Signale auf Sex. Es lief auf eines raus: Befruchtung deiner Eizelle durch sein Sperma. Und du kannst froh sein, dass es so weit nicht gekommen ist. Du glaubst, es geht um Romantik? Quatsch! Es geht immer nur um eines: Evolution, Verbreitung der besten Gene, survival of the fittest!!!«

In diesem Moment fragt sich Anna, ob nicht vielleicht ihre Freundin noch am Restalkohol einiger Wodkadrinks leidet. Doch das ist nicht der Fall. Vielmehr hat sie sich mit großer Leidenschaft durch einige Bücher gefressen, die

das Versprechen geben zu erklären, was Liebe ist. Denn das wollte Nele, verdammt noch mal, nach dem dritten unerträglichen Liebeskummer innerhalb eines Jahres endlich wissen.

Also hat sie sich gleich eine ganz Handvoll Bücher besorgt mit Titeln wie »Warum es funkt – und wenn ja, bei wem« oder auch »Die Evolution des Begehrens – Geheimnisse der Partnerwahl«. Sie hat nachgelesen, was bestimmte Hirnscanner zeigen, wenn man einem Verliebten Bilder der Frau zeigt, mit der er in diesem Moment eigentlich zusammen sein möchte. Sie hat wissenschaftliche Texte durchgearbeitet, die berichten, wie Frauen, die die Pille nehmen, auf männlichen Schweißgeruch reagieren – im Vergleich zu Frauen, die dieses Verhütungsmittel nicht einnehmen. Sie hat Forschungsberichte gelesen, die erklären, wie sich Frauen zum Zeitpunkt ihres Eisprungs kleiden.

Nele hat sich also ziemlich tief in eine Fachdisziplin eingearbeitet, die »Evolutionspsychologie« genannt wird. Und dort hat sie eine wissenschaftliche Antwort auf die Frage gefunden: »Warum verliebe ich mich? Was ist Liebe?«

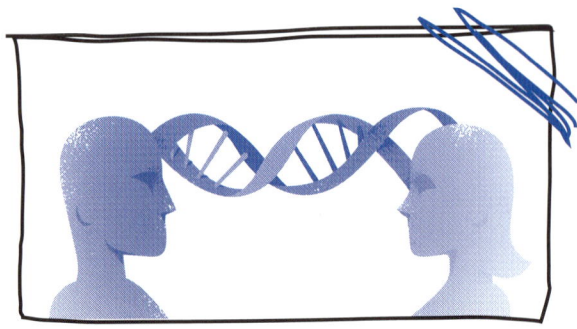

Alles nur Gene?!

Nele ist, ebenso wie Alexander, Moritz oder Anna, eine Fantasiefigur. Der Universitätsprofessor Manfred Hassebrauck hingegen lebt in der realen Welt und gibt als Forscher Antworten auf die Frage »Was ist Liebe?«. Die Basis, auf der er diese Antworten entwickelt, formuliert er so: »Ganz nüchtern betrachtet, besteht der Sinn unseres Lebens in der Weitergabe unserer Gene an die nachfolgende Generation.« Diesen Satz schreibt Professor Hassebrauck in einem Buch mit dem Titel »Alles über die Liebe«. Auf dem Cover des Buches ist zu lesen, der Forscher und Hochschullehrer sei »Deutschlands führender Experte zu den Themen Liebe, Partnerwahl und Beziehung«. Dieser Experte baut seine Forschungsarbeit und seine Überlegungen auf folgende Behauptung auf: Menschliches Leben ist dann mit Sinn erfüllt, wenn es dem jeweiligen Menschen gelingt, möglichst viele seiner eigenen Erbinformationen zu verbreiten. Mit dieser Behauptung steht Professor Hassebrauck nicht allein. Er reiht sich vielmehr in die Forschergruppe der Evolutionspsychologen ein, die behaupten, sie könnten »alles über die Liebe« wissenschaftlich erklären.

Dass der Sinn des Lebens darin bestehe, Gene weiterzugeben, ist nach Ansicht der Evolutionspsychologen ein Naturgesetz. So verstehen Wissenschaftler dieser Denkschule das, was der Brite Charles Darwin vor gut 150 Jahren aufgeschrieben hat. Im Vorspann der Fernsehserie »The Big Bang Theory« ist das Ganze in wenigen Filmsekunden zusammengefasst:

URKNALL / MATERIE VERKLUMPT SICH ZU PLANETEN / IM UROZEAN BALLEN SICH AMINOSÄUREN ZUSAMMEN / DIE AMINOSÄUREN FORMEN SICH ZU EINZELLERN / MEHRZELLER ENTSTEHEN: PFLANZEN, WASSERTIERE, LANDTIERE / AFFENARTIGE TIERE REIFEN ZUM MENSCHEN HERAN /

Und am Ende überlegen die Nerds Leonard, Howard und Rajesh, wie es gelingen kann, dass sie Sex haben. Nur der vierte Nerd im Bunde, ihr Freund Sheldon, ist nicht an Sex interessiert. Nun ja, die Natur ist eben bunt.

Tiere auf der Suche

Evolution – der Antrieb für die Liebe?

Ganz im Geist der »Big-Bang-Theory« geht die Evolutionspsychologie von folgenden Behauptungen aus: Der Mensch ist ein Tier. Die Tiere sind durch Evolution entstanden. Diese Evolution geschieht, indem eine bestimmte Lebensform versucht, möglichst erfolgreich mit den Lebensbedingungen zurechtzukommen, die sie vorfindet. Erfolg im Überlebenskampf hat eine Lebensform dann, wenn sich in jeder Generation vor allem die Individuen fortpflanzen, die besonders gut an die Lebensbedingungen angepasst sind. Dass das klappt, dafür sorgt etwas, was der britische Forscher Richard Dawkins »das egoistische Gen« genannt hat.

Was der Mann will – oder auch der Junge

Für die Lebensform »Mensch« zeichnen die Evolutionspsychologen ein Bild unserer Vorfahren, das in etwa so aussieht: Auch im Urzeit-Mann steckt ein »egoistisches Gen«. Wenn der Genapparat dem Urzeit-Mann nicht gerade den Befehl gibt, sich genug zu essen zu besorgen, damit er nicht verhungert, dann gibt er ihm die Anweisung: Möglichst viele Urzeit-Frauen schwängern! Denn auf diese Weise setzt der Urzeit-Mann möglichst viele Nachkommen in die Welt.

Damit die Gene nicht an »minderwertige« Urzeit-Frauen verschwendet werden, die mit ihren schlechten Genen die guten Gene des Urzeit-Mannes versauen, will dieser aber nicht jede Beliebige schwängern. Außerdem will der Urzeit-Mann, dass die Kinder, die seine Gene tragen, nicht schon bald nach der Geburt sterben, etwa weil die Urzeit-Frau nicht genug Milch geben kann. Gute Gene der Urzeit-Frau und die Fähigkeit, den Nachwuchs tatsächlich großzukriegen, lassen sich am Äußeren erkennen, so die Behauptung der Evolutionspsychologen.

- Die Frau soll nicht zu klein sein und gute Proportionen haben, was die Länge der Beine, der Arme und den Aufbau des Gesichts angeht. Denn gute Proportionen sind ein Zeichen für Gesundheit. Eine Frau, die ungewöhnlich klein ist oder ein schiefes Gesicht hat, bei der stimmt etwas nicht mit den Genen.
- Die Frau soll reine Haut, gute Zähne und glänzende, volle Haare haben. Denn auch all das deutet auf gute Gene hin.
- Der Umfang der Taille und der Hüfte der Frau sollen in einem bestimmten zahlenmäßigen Verhältnis stehen, das heißt: Der Umfang der Taille soll etwa zwei Drittel des Umfangs der Hüfte entsprechen. Denn eine vergleichsweise schmale Taille bei ordentlich ausgeprägten Hüften haben Frauen dann, wenn bei ihnen die Produktion des Hormons Östrogen gut funktioniert. Östrogen ist wichtig für die Fruchtbarkeit. Kleine Mädchen und alte Frauen haben meist kein Taille-Hüfte-Verhältnis von 2:3, sondern eher von 1:1. Oben, Mitte, unten – alles gleich. Bei ihnen wäre also, mangels Fruchtbarkeit, der männliche Samen verschwendet. Und Männer, die auf die Taille achten, interessieren sich folgerichtig auch nicht für Schwangere. Die kann man nämlich nicht doppelt schwängern, also wäre bei ihnen der Samen ebenfalls vergeudet.
- Einigermaßen große Brüste sind auch ein Hinweis darauf, dass der Mann es nicht mehr mit einem unfruchtbaren Kind, sondern mit einer fortpflanzungsfähigen Frau zu tun hat.

Jungs und Männer verlieben sich also eher in Mädchen und Frauen, die wie Kim Kardashian oder Taylor Swift aussehen, als in solche, die an Cindy aus Marzahn erinnern, aus folgendem Grund: weil die Kim-Kardashian- oder Taylor-Swift-Lookalikes sich besser zur Genverbreitung eignen. Viele Wissenschaftler aus der Evolutionspsychologie würden bei dieser Behauptung zustimmend nicken und sagen: »Ja, genau so ist es.«

Die Evolutionspsychologen haben dabei nicht nur Experimente und Tests auf ihrer Seite, sondern auch die Alltagserfahrung. Die 17-jährige Laura mit den seidigen Haaren, den langen Beinen, der schmalen Taille, den wohlgeformten Brüsten und den ziemlich weißen, ordentlich gerade stehenden Zähnen hat es leicht, bei Jungs und Männern Interesse zu wecken. Sie hat manchmal das Gefühl, dass sogar Freunde ihres Vaters sie irgendwie eigenartig anschauen. Ihre Mitschülerin Nele, die für trockene Analysen und Kommentare berüchtigt ist, hat für Lauras gute mündliche Noten bei männlichen Lehrern eine einfache Erklärung: »Tittenbonus«.

Lebensziel für Männer: hundertfacher Vater sein?!

Als weiterer Beleg für die Behauptung, dass es Männern vor allem darum geht, möglichst vielen Frauen möglichst viele Kinder zu machen, könnten Beispiele wie der marokkanische Sultan Mulai Ismail gelten. Bevor er vor rund 200 Jahren starb, soll er 888 Kinder gezeugt haben. In Worten: achthundertachtundachtzig. Ob das wirklich stimmt, darüber kann man diskutieren. Deutlich verlässlicher sind andere Zahlen, etwa die über den saudischen König Saud ibn Abd al-Aziz, der von 1902 bis 1969 lebte. Ihm werden 52 Söhne und 50 Töchter zugeordnet. Macht zusammengerechnet auch über hundert. Der Reggae-Gott Bob Marley bleibt zwar dahinter zurück, doch laut seinem Wikipedia-Eintrag soll er »22 bis 46 leibliche Kinder gehabt haben«.

In Moritz regte sich also, als er sich auf Alexanders Party neben Anna stellte, der gleiche Urzeit-Mann, der im Sultan Mulai Ismail oder auch in Bob Marley wirkte   das wäre die Erklärung von Evolutionspsychologen für sein Verhalten. Moritz hatte sich allerdings in den vergangenen eineinhalb Jahren nicht für Wissenschaft interessiert, als er Erfahrungen sammelte, wie er sich verhalten musste, um einem Mädchen näherzukommen. Ein paar geistreiche Sprüche waren nicht falsch. Etwas, was sie zum Lachen brachte. Komplimente über ihr Aussehen und ihr Outfit, ab und zu unterbrochen durch eine kleine, verzeihbare Gemeinheit. Dann zum richtigen Zeitpunkt die Initiative ergreifen und »Lassma rausgehen« sagen. Etwas geschützt vor den Blicken anderer nach Körperkontakt suchen, möglichst nach Kontakt zu ihrer Haut, vielleicht am Unterarm. Und dann küssen.

Zum großen Finale war es bei Moritz nicht gekommen, auch wenn er zugeben musste, dass er die Vorstellung elektrisierend gefunden hätte. Aber immerhin hatte Anna mit ihm auch öffentlich geknutscht, nachdem sie aus dem Garten wieder ins Innere der Party-Location getreten waren. Küsse auf der Tanzfläche, das war noch besser als Küsse draußen im Dunkeln. Denn Moritz gefiel es ziemlich gut, als einer zu gelten, der von kaum einer Party und von kaum einem Abend im Club ungeküsst nach Hause ging. Auch wenn das Wort irgendwie altertümlich klang: Er wollte als erfolgreicher Liebhaber gelten. Denn darum ging es doch, oder? So sah er das. Dass Anna es anders sah, wusste er nicht.

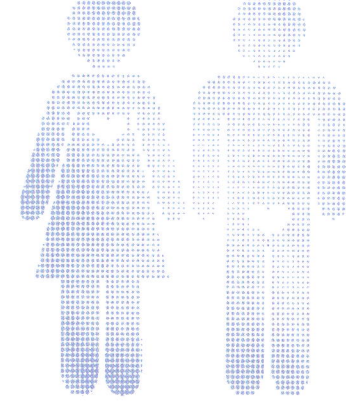

EBBE UND FLUT

(ROBERT GERNHARDT, 1937–2006)

In meinem Kopf herrscht Ebbe,
in meinem Herzen Flut.
Kann dir nur eines sagen:
Ich bin dir ja so gut!
Ich bin dir – ja! – so gut, so gut,
ich bin – ja! – dir so gut!
Ja! Dir bin ich so gut, so gut!
Ja! Ich bin dir so gut!
Ja, ja! Ich bin dir gut, so gut,
so gut, so gut, so gut –
in meinem Kopf herrscht Ebbe …

OH MANN

(CHRISTINA NELLY KUSKE, GEB. 1956)

oh mann
du bist so
ich weiß nicht
nein nein nein
wieso denn ausgerechnet du
du bist
du bist doch ein schwein
ja das bist du
du bist ein schwein
das alle meine trüffel findet

Was ist Liebe?

ANTWORT 2:
»WEIBLICHE GEHIRNCHEMIE ZUM ZWECK DER FORTPFLANZUNG.«

Oder:
Wie wissenschaft-
liche Erkenntnisse
Mädchen und
Frauen erschaudern
lassen können.

Anna konnte nicht aufhören, über Alexanders Party nachzudenken. Und auch nicht über das, was ihre Freundin Nele über das »egoistische Gen« erzählt hatte. Über unbeirrbare Verhaltensabläufe bei Männern und Frauen, Jungs und Mädchen, die zwar irgendwie mit dem Wort »Liebe« in Zusammenhang standen – bei denen es aber letztlich nur um eines ging: Fortpflanzung. Kinder machen.

Anna versuchte, ihre Gefühle und Gedanken zu sortieren. Sie fragte sich, was da eigentlich mit ihr los gewesen war. Es war irgendwie schön gewesen, mit Moritz zu knutschen. Zeitweise geradezu rauschhaft. Sie hatte sich selbst vergessen. Aber ihr wurde klar: Es war nicht nur so, dass sie Moritz an jenem Abend nicht widerstehen konnte oder wollte – der Typ hatte sich auch für unwiderstehlich gehalten. Bah!

Fast schon unerträglich war für sie die Vorstellung, dass nun auch sie eine von denen war, über die Moritz prahlerisch erzählte, er habe sie klargemacht. Hoffentlich blieb er wenigstens bei der Wahrheit und behauptete nicht auch noch, er habe sie genagelt – das wäre das Wort, das ein Vollhorst wie er wahrscheinlich verwenden würde. Denn sie ahnte, dass Nele recht haben könnte mit ihrer Behauptung: Der Urzeit-Mann in Moritz hätte sie eigentlich am liebsten flachgelegt. Sie geschwängert. Uaaah!

Was die Frau will – oder auch das Mädchen

Nach der Weltsicht vieler Evolutionspsychologen war das genau das Programm, das in Moritz angefangen hatte zu arbeiten, das er aber nicht ganz zu Ende brachte: einen Weg zu finden, wie sich sein Glied in die Scheide einer fruchtbaren Frau stecken lässt, eine Ladung Sperma abschicken – und seine Gene verbreiten. Das sei der Lebenszweck der Männer, auch wenn sie danach mit dem Nachwuchs den Rest ihres Lebens möglicherweise nicht mehr allzu viel zu tun haben.

Aber auch Evolutionspsychologen räumen ein: Völlig anders ist der Blick auf die Sache für Frauen oder Mädchen. Der Moment, in dem ein Mann oder Junge sein Samenpaket losschickt, kann ihr Leben komplett verändern. Mit jemandem wie dem jamaikanischen Reggae-Musiker und dutzendfachen Vater Bob Marley nach einem Konzert in einer karibischen Nacht und vielleicht nach dem Genuss von etwas Rum oder Marihuana hinzusinken, könnte für die jeweilige Frau schlicht und einfach schön gewesen sein. Hinterher aber hatte sie den Salat: Schwangerschaft alleine durchstehen. Kind in Abwesenheit des Vaters auf die Welt bringen. Windeln alleine wechseln. Unterhaltszahlungen vom Vater eintreiben. Und dabei immer darauf angewiesen sein, dass er sich nicht allzu sehr querstellt.

Warum Frauen und Mädchen wählerischer sind

Bei unseren Vorfahren, als es noch keine gesetzlich geregelten Unterhaltpflichten, kein Hartz IV für alleinerziehende Mütter und keine kostenlosen Kinderkrippen für Einkommensschwache gab, sei die Sache für die Frauen und Mädchen noch weit dramatischer gewesen, heißt es von den Evolutionspsychologen. Da war eine Urzeit-Frau, die keinen Urzeit-Mann an ihrer Seite hatte, weitgehend aufgeschmissen. Also wollten die Urzeit-Frauen lieber von Urzeit-Männern geschwängert werden, die hinterher dablieben und sich um den gemeinsamen Nachwuchs kümmerten. So ließe sich erklären, dass Mädchen und Frauen wählerischer sind als Männer, wenn es um das andere Geschlecht geht.

Frauen und Mädchen ticken nach Ansicht der Evolutionspsychologen so: Das »egoistische Gen« aktiviert auch bei ihnen zunächst einmal ein ähnliches Scan-Programm wie bei Männern, um nach Hinweisen auf gute Gene beim potenziellen Paarungspartner zu suchen. Der Mann soll einen guten Körperbau haben. Er soll mit glatter Haut, glänzenden Haaren und symmetrischem Gesicht ausgestattet sein. Denn das sind nicht nur bei Frauen, sondern auch bei Männern Zeichen für Gesundheit und damit für gute Gene. Der Mann soll aber auch Hinweise darauf geben, dass er zur Versorgung des gemeinsamen Nachwuchses materiell etwas beitragen kann. Ein kräftiges Aussehen des Urzeit-Mannes versprach der Urzeit-Frau gute Jagderfolge. Wenn Anna diese Checkliste am Beispiel von Moritz durchgegangen wäre, hätte sie zugeben müssen: Ja, hässlich war er nicht.

Doch Aussehen alleine ist nicht alles, was für Frauen zählt, heißt es aus der Evolutionspsychologie. Weil sie ja vom erfolgreichen Jäger nicht sofort nach dem Schwängern sitzen gelassen werden wollte, legte die Urzeit-Frau auch Wert auf soziale Kompetenzen. Ein Urzeit-Mann, der der Urzeit-Frau zuhörte, wenn sie erklärte, welche Probleme sie in ihrem Kampf ums Überleben sah, und der mit ihr gemeinsam überlegte, wie sich diese Probleme lösen lassen, konnte durchaus Pluspunkte sammeln. Er war klar im Vorteil gegenüber dem besonders breitschultrigen, aber sozial völlig inkompetenten Konkurrenten. Und der Urzeit-Mann, der mit spannenden Geschichten, witzigen Bemerkungen und der einen oder anderen Schmeichelei der Urzeit-Frau das Gefühl gab, dass man auch den Alltag mit ihm gut verbringen könne, hatte einen weiteren Vorteil. Charmanter Frauenversteher schlägt dumpfen Kraftprotz. Für Anna hieß das: Als Moritz es schaffte, sie zum Lachen zu bringen, war der Weg zum Kuss schon zu mehr als der Hälfte zurückgelegt.

Tatsächlich zeigt sich in vielen Tests und Studien: Frauen und Mädchen mögen es zwar, wenn Männer und Jungs optisch etwas zu bieten haben. Aber im Mix der Wichtigkeit von Aussehen und Persönlichkeit sind für Frauen die inneren Werte der Männer wichtiger als nur das Äußere. Männer liefern in vielen Psycho-Tests das gegenteilige Ergebnis. Ihnen ist das Aussehen der Frauen wichtiger als die Persönlichkeit. Moritz hätte zugeben müssen, dass ihn an jenem Abend vor allem Annas Figur und ihre Haare zu der Entscheidung brachten, sich neben sie zu stellen.

Diamonds are a girl's best friend?

Was die Evolutionspsychologen außerdem als – ihrer Ansicht nach – unwiderlegbares Ergebnis vieler Tests und Studien präsentieren: Männer können bei Frauen mit dem punkten, was die Rapper Kay One und Bushido in die Worte gefasst haben: »Ich hab Style und das Geld. Ich hab all das, was den F***** so gefällt.« Die Musiker werden es nicht gewusst haben, doch die Wissenschaft von der Liebe hat festgestellt: Wenn Männer Wohlstand und Status bieten, sind Frauen eher bereit, sich mit ihnen einzulassen. Auch wenn diese Männer in Sachen Aussehen und Persönlichkeit nicht besonders auftrumpfen können.

Auch das lasse sich mit dem erklären, was vor vielen Tausend Jahren sinnvoll für die Frauen gewesen sei, heißt es. Derjenige Ur-zeit-Jäger, der es mit Durchsetzungsvermögen und Raffinesse schaffte, zehn weitere Männer für sich auf die Jagd zu schicken und die Hälfte ihrer Beute einzukassieren, konnte der Ur-zeit-Frau mehr bieten. Der erfolgreiche Stein-zeit-Unternehmer stach im Wettbewerb die Konkurrenten aus, die materiell nicht so viel zu bieten hatten.

So ließe sich verstehen, dass immer wieder Männer, die weder besonders ansehnlich noch besonders witzig oder charmant sind, durchaus Frauen abbekommen. Weil diese Männer eben in Sachen Geld, Macht und Status etwas zu bieten haben. Damit hätte man beispielsweise eine Erklärung, warum Leute wie Donald Trump beim anderen Geschlecht gar nicht so schlecht ankommen. Der amerikanische Un-ternehmer und Politiker, der im Jahr 2016 zum US-Präsidenten gewählt wurde, hat sich immer wieder damit gebrüstet, was für großen Erfolg

Ist es Donald Trumps Aussehen, das seine Frau anziehend findet? Oder doch eher sein Geld und sein Durchsetzungsvermögen?

er bei Frauen habe. Und es ist ihm im Alter von 59 Jahren noch gelungen, ein 24 Jahre jünge-res Model als Ehefrau zu gewinnen. Melania Knauss hätte sicher auch andere Männer ha-ben können. Sie hat sich für den Milliardär Do-nald Trump entschieden. Sie wurde aus Liebe zu Mrs Trump, wie sie sagt.

Die Liebe – nur Klebstoff?

Evolutionspsychologen räumen ein, dass es oft etwas mehr gibt als nur eine kurze Begattung des Menschen-Weibchens durch das Men-schen-Männchen, damit das »egoistische Gen« Sperma und Eizelle zusammenbringen kann. Auch Evolutionspsychologen geben zu, dass Menschen-Männchen es nicht so machen wie beispielsweise Elefantenbullen. Die streifen meist allein durch die Gegend und statten den weiblichen Elefanten nur ab und zu kurze Be-suche ab, um sie zu befruchten. Menschen sind da anders. Da leben Männer und Frauen schon immer in gemischten Gruppen zusammen, die man Sippe nennen kann, Clan oder Familie. Und in diesen Gruppen gibt es intensive Ge-fühle, die die Menschen aneinanderbinden.

Auch die hartgesottensten Naturwissen-schaftler sehen also, dass es unter Menschen ein Gefühl gibt, das sie als Liebe bezeichnen. Dass sie gar Gefühlsstürme erleben, die sie Verliebtheit nennen. Aber auch all das erklären diese Wissenschaftler am Ende doch wieder mit der Macht der Gene. Ihre Argumentation geht so: Menschenbabys können nach der Ge-burt so gut wie nichts. Sie müssen viele Monate und sogar Jahre reifen und wachsen, bevor sie das beherrschen, was viele Tierbabys ziemlich schnell draufhaben oder manchmal sogar von Anfang an: sich selbst fortbewegen, sich selbst Nahrung besorgen, sich mit den Artgenossen verständigen.

Das Menschenbaby ist da anders. Damit es zu einem großen, klugen Wesen heranreifen kann, braucht es jahrelange Rundumbetreuung von Erwachsenen. Eine Urzeit-Mutter alleine konnte das nicht leisten. Auch eine Gruppe von Urzeit-Müttern, die nur ab und zu von Urzeit-Männern für schnellen Sex besucht worden wäre, hätte nicht gut dagestanden, so die Erklärung der Evolutionspsychologen. Also musste das »egoistische Gen« etwas erfinden, was die Menschen aneinanderbindet: die Liebe, das Verlieben.

Alles Lüge?

In Annas Kopf schwirrten die Gedanken nach dem atemlosen Vortrag ihrer Freundin Nele. Die Liebe – ein großer Fake der Evolution? Romantik, Verliebtheit – alles nur ein großes Verwirrspiel, damit sich Menschen-Männchen mit Menschen-Weibchen erfolgreich paaren? Ed Sheeran singt darüber, dass er »so in love« ist, nur damit er möglichst viele Frauen schwängern kann? Oder Andreas Bourani, wenn er fragt: »Wo ist die Liebe geblieben?« Nur aus der Angst, nicht zeugen zu können? Anna war verwirrt. Dann kamen ihr Fragen.

In den nächsten Tagen schaute sie sich um und überlegte, ob das, was sie sah, mit dem zusammenpasste, was die Evolutionspsychologie zum Thema Liebe an Erklärungen bot. Ihr grauste zwar ein bisschen bei der Vorstellung, dass ihre 54-jährige Mutter und ihr 51-jähriger Vater Sex hatten, doch es gab ziemlich eindeutige Hinweise darauf. Warum sollte ihre Mutter das wollen, wenn doch – nach dem, was Anna im Biologieunterricht gelernt hatte – aus solchem Sex keine Kinder mehr hervorgehen konnten? Und warum sollte ihr Vater an einer Frau körperliches Interesse haben, die ganz augenscheinlich die fruchtbare Phase ihres Lebens hinter sich gelassen hatte?

Anna dachte auch über die Behauptung der Evolutionspsychologen nach, wonach das »egoistische Gen« stets nach Hinweisen sucht, dass ein Vertreter des anderen Geschlechts möglichst fruchtbar ist. Sie fragte sich: Wie passt das damit zusammen, dass es junge Leute im 21. Jahrhundert körperlich eindeutig attraktiver finden, wenn Jungs, Mädchen, Männer, Frauen sich das wegrasieren, was zeigt, dass sie keine unfruchtbaren Kinder mehr sind? Wenn es stimmt, dass das »egoistische Gen« immer nach Hinweisen auf Fruchtbarkeit sucht, dann müsste doch in Deutschland, USA, Italien oder wo auch immer jeden Tag tausendfach Folgendes passieren, überlegte Anna: Ein Zwanzigjähriger knutscht ausgiebig mit seiner gleichaltrigen Freundin. Sie wollen beide mehr. Er zieht ihr die Unterhose aus. Er erkennt, dass sie – dank Ladyshave etc. – zwischen den Beinen aussieht wie eine Zehnjährige. Sie erkennt, dass er zwischen den Beinen – ebenfalls dank Rasur – aussieht wie ein Zehnjähriger. In diesem Moment müsste, nach der Logik der Evolutionspsychologen, die Leidenschaft zwischen den beiden schlagartig zu Eis gefrieren. Denn unter Zehnjährigen wird es nichts mit dem Weitergeben des »egoistischen Gens«.

Anna dachte über Promis und Leute in ihrem Bekanntenkreis nach, die schwul oder lesbisch waren. Wie wollte die Evolutionspsychologie erklären, warum es Millionen Männer gibt, die Männer lieben, und Millionen Frauen, die Frauen lieben? Und Anna ließ sich den Satz des Psychologieprofessors Manfred Hassebrauck durch den Kopf gehen, den ihre Freundin Nele ihr vorgebetet hatte: »Ganz nüchtern betrachtet, besteht der Sinn unseres Lebens in der Weitergabe unserer Gene an die nachfolgende Generation.«

Was hieß das etwa für das Leben der langjährigen Bundeskanzlerin Angela Merkel? Sinnlos! Denn sie hat keine Kinder auf die Welt gebracht, ihre Gene nicht weitergegeben. Wie sieht es mit dem Dasein des Schauspielers Ian McKellen aus? Sinnlos! Denn der hat zwar als Gandalf, als Magneto oder auch als Macbeth Millionen Zuschauer begeistert – doch in

seinem Leben als Schwuler hat er nie Kinder gezeugt. Das Dasein von Mutter Teresa, die im Jahr 2016 heiliggesprochen wurde, weil sie ihre ganze Kraft bitterarmen Menschen gewidmet hat – sinnlos! Denn sie hat kein Kind geboren. Das Leben des Papstes oder des Dalai Lama: sinnlos! Haben keine Kinder und werden ziemlich sicher auch keine mehr haben.

Liebe als Zombie-Krankheit

Anna kam immer klarer zu einem Ergebnis. Die Evolutionspsychologie, von der Nele ihr erzählt hatte, lief auf eines hinaus: Der Mensch unterscheidet sich in nichts von Grippe- oder Aidsviren, deren einziger Daseinszweck darin besteht, sich immer weiter auszubreiten. Die Menschheit wäre letztlich nichts weiter als eine besinnungslose Fortpflanzungsmaschinerie des »egoistischen Gens«. Dieses Gen verbreitet sich über Sex. Und damit das möglichst effizient gelingt, gaukelt es den Menschen-Zombies vor, dass es so etwas wie Liebe gibt.

Der Gedanke gefiel Anna nicht. Sie wollte sich damit nicht abfinden. Doch je länger sie darüber nachdachte, desto mehr fiel ihr auf, dass vieles, was sie über die Liebe sah und hörte, irgendwie zu den Sprüchen der Evolutions-

psychologen vom Wettbewerb der Schönsten und Stärksten passte.

War nicht an allen Ecken und Enden von einem »Beziehungsmarkt« die Rede, auf dem jeder und jede einen »Marktwert« besitzt? So wie ein besonders schickes neues Smartphone einen höheren Marktwert hat als ein keimiger Knochen aus dem vergangenen Jahrzehnt? War es nicht so, dass Mädchen stets möglichst hübsch und sexy herausgeputzt zu sein hatten, und mussten nicht auch Jungs stets auf ihren Style achten? Alles, um ihren Marktwert zu steigern. Nele hatte ihr auch erklärt, dass Evolutionspsychologen von »Investitionen« sprechen, die Menschen in eine Partnerschaft einbringen, und ebenso von »Fehlinvestitionen«. Sie erzählen von den »Kosten«, die es bedeutet, sich an jemanden zu binden. Sie liefern Erklärungen über »Gleichgewicht von Leistung und Gegenleistung« auf dem »Partnermarkt«.

Anna schauderte es bei diesem Gedanken. Sie konnte sich zwar über das peinliche Fehlknutschen bei Alexanders Party mit dem Gedanken hinwegtrösten, dass ihr »Marktwert« – rein körperlich betrachtet – schon mal nicht bei null lag. Aber die Vorstellung, dass die Liebe nichts wesentlich anderes sein sollte als ein Viehmarkt, gefiel ihr nicht. Das konnte nicht stimmen. Es musste eine andere Antwort geben auf die Frage: »Was ist Liebe?«

KÜSSEN
SEX

KÖRPERLICHE SELBSTLIEBE

wer macht was?

???

Dazu einige Zahlen aus der
»Dr.-Sommer-Studie 2016« der
Zeitschrift »Bravo« und der Bauer
Media Group:

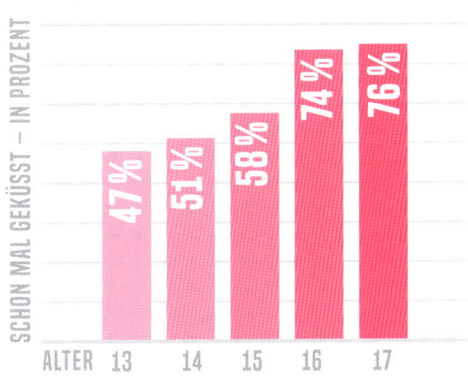

Küsse - Mädchen

SCHON MAL GEKÜSST – IN PROZENT

ALTER	13	14	15	16	17
	47 %	51 %	58 %	74 %	76 %

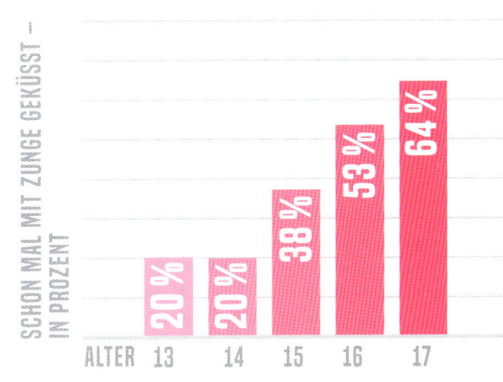

Zungenküsse - Mädchen

SCHON MAL MIT ZUNGE GEKÜSST – IN PROZENT

ALTER	13	14	15	16	17
	20 %	20 %	38 %	53 %	64 %

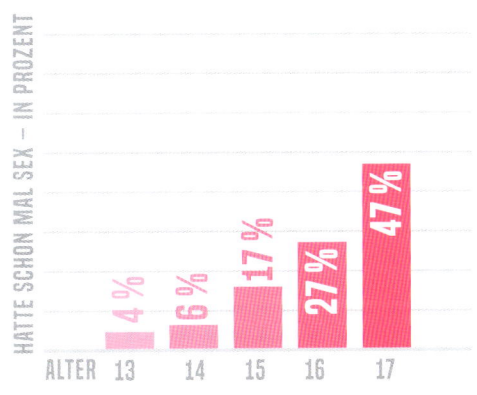

Sex - Mädchen

HATTE SCHON MAL SEX – IN PROZENT

ALTER	13	14	15	16	17
	4 %	6 %	17 %	27 %	47 %

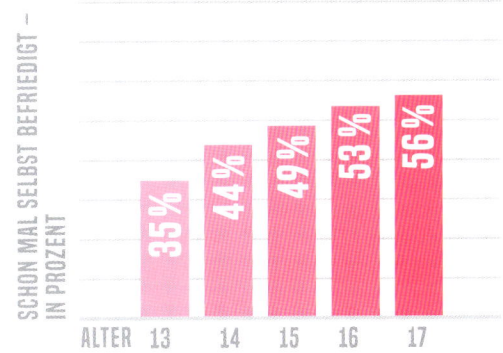

Selbstbefriedigung - Mädchen

SCHON MAL SELBST BEFRIEDIGT – IN PROZENT

ALTER	13	14	15	16	17
	35 %	44 %	49 %	53 %	56 %

Zwischenfrage

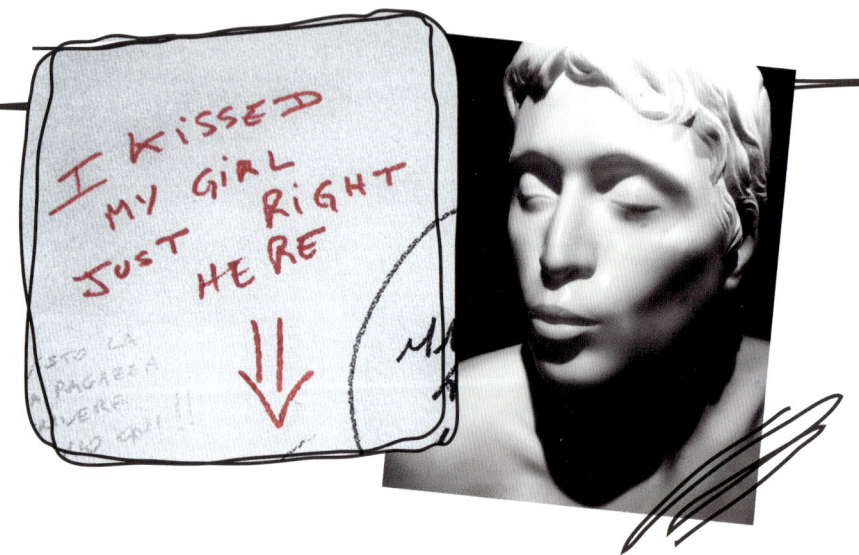

Küsse - Jungs

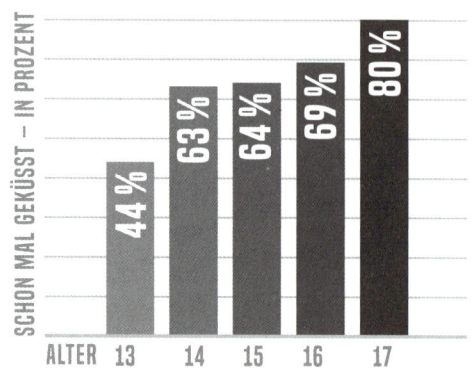

SCHON MAL GEKÜSST – IN PROZENT

| 44 % | 63 % | 64 % | 69 % | 80 % |

ALTER 13 14 15 16 17

Zungenküsse - Jungs

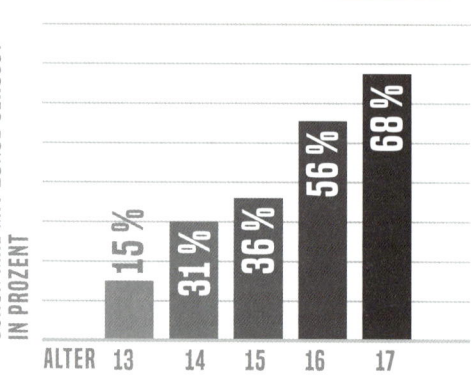

SCHON MAL MIT ZUNGE GEKÜSST – IN PROZENT

| 15 % | 31 % | 36 % | 56 % | 68 % |

ALTER 13 14 15 16 17

Sex - Jungs

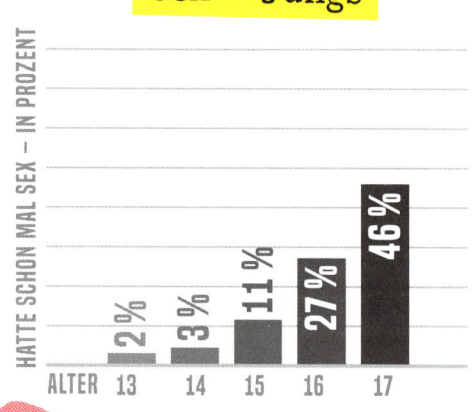

HATTE SCHON MAL SEX – IN PROZENT

| 2 % | 3 % | 11 % | 27 % | 46 % |

ALTER 13 14 15 16 17

Selbstbefriedigung - Jungs

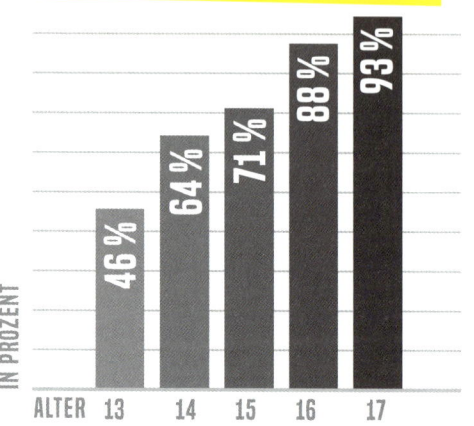

SCHON MAL SELBST BEFRIEDIGT – IN PROZENT

| 46 % | 64 % | 71 % | 88 % | 93 % |

ALTER 13 14 15 16 17

Was kann man aus den Zahlen der »Dr.-Sommer-Studie« herauslesen? Zum Beispiel Folgendes:

MIT 16 ODER 17 NOCH KEINEN SEX GEHABT ZU HABEN, IST NICHT UNGEWÖHNLICH.

Oder andersrum: In diesem Alter Jungfrau zu sein, ist nicht die Ausnahme. Das Gleiche gilt fürs männliche Gegenstück zur Jungfrau. Entsprechende Erfahrungen zu haben, ist aber auch nichts Außergewöhnliches.

SELBST DIE GRUPPE DER »UNGEKÜSSTEN« IST BEI DEN 16- ODER 17-JÄHRIGEN GAR NICHT SO KLEIN.

SICH SELBST HIN UND WIEDER SELBST ZU BE-FRIEDIGEN, IST AB EINEM GEWISSEN ALTER NORMAL,

vor allem bei Jungs. Aber auch bei Mädchen ist es nicht ungewöhnlich.

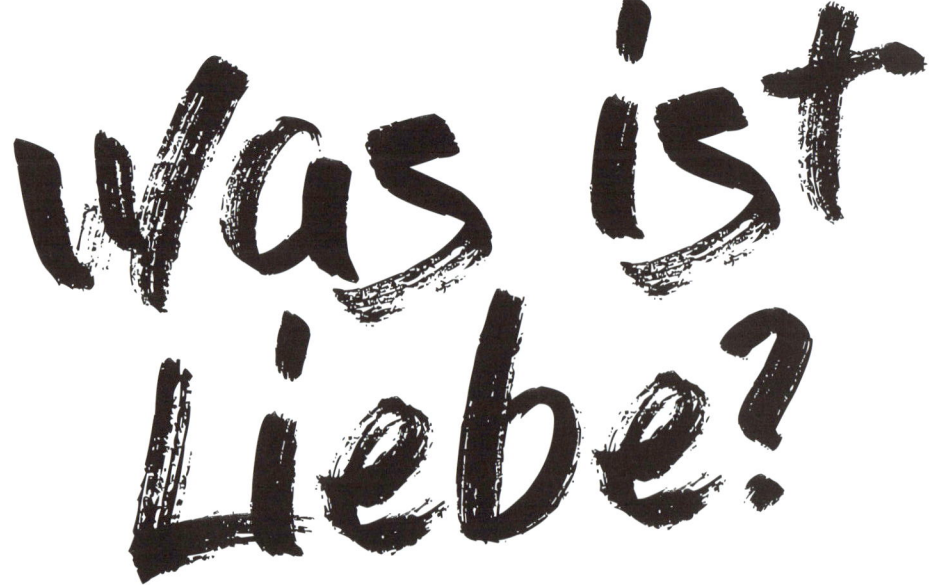

ANTWORT 3:
»SUCHE NACH SICHERHEIT.«

Oder:
Was viele
Psychologen zur
Liebe sagen

Auch zwei Tage danach fühlte es sich noch schlecht an. Die Kopfschmerzen und die Übelkeit waren zwar inzwischen weg, doch es war einfach furchtbar peinlich für Jonas, an Alexanders Party zu denken. Der Geruch nach Erbrochenem auf dem Klo dieser ziemlich schicken Feier-Location. Nach seinem Erbrochenen, um genau zu sein. Er erinnerte sich an den Abscheu, als er wiedererkannte, was er vorher gegessen hatte: rote Bohnen und gelbe Maiskörner aus dem Chili con Carne, von dem er sich reichlich genommen hatte. Diese rot-gelbe Mischung hatte er nicht nur in der Toilettenschüssel gesehen, sondern überall auf dem Boden. Er war so sturzbetrunken gewesen, dass er es nicht geschafft hatte, einigermaßen zielgerichtet das Klo zu treffen. Doch Jonas erinnerte sich auch an etwas, das ihn einerseits beschämte, das aber dennoch ein warmes Gefühl in ihm aufkommen ließ.

Irgendwann war Mimi zu ihm gekommen. Sie war in die Männertoilette gegangen, um ihn zu suchen. Sie fasste ihm sanft an die Schulter, als er immer weiterkotzen musste, obwohl er sicher war, schon alles ausgespuckt zu haben, was er seit seiner Geburt vor 17 Jahren jemals zu sich genommen hatte. Sie half ihm, den Boden mit Papierhandtüchern zu säubern. Wenn er ehrlich war, half sie ihm nicht nur, sondern übernahm es fast komplett alleine, weil er dazu einfach nicht in der Lage war. Sie besorgte ein Taxi und brachte ihn nach Hause.

Er war jetzt ein Jahr mit Michaela zusammen, die er – wie alle anderen – Mimi nannte. Zu Beginn wusste er nicht, ob das jetzt Liebe war. Anfangs war es natürlich aufregend, Nachrichten von ihr zu bekommen. Es war unbeschreiblich, sie im Park zu küssen. Es war in den ersten Wochen auch schwer erträglich, wenn er nur einen halben Tag nichts von ihr hörte. Er fand es schrecklich, wenn er nicht regelmäßig das »Pling« aus dem Smartphone hörte, weil Mimi etwas geschickt hatte: eine Nachricht, ein Bild, einen Link zu einem Video. Er hatte keinen Zweifel, dass er am Anfang fürchterlich in Mimi verliebt war. Aber liebte er sie?

Er musste ja zugeben: Irgendwann waren die Nachrichten nicht mehr so aufregend. Die Küsse auch nicht, obwohl er sie weiter genoss. Und Jonas hielt es nach einigen Wochen und Monaten durchaus mal einige Zeit ohne Mimi aus, auch wenn er sie irgendwie vermisste. Als er darüber nachdachte, was auf Alexanders Fest geschehen war, hatte er dennoch das erste Mal eine klare Antwort auf die Frage, was ihn mit Mimi verband: Das musste Liebe sein.

Bewusst wurde ihm das, als er sich an einen Moment erinnerte, der ihm besonders unangenehm war. Als sich sein eigentlich schon völlig entleerter Magen noch einmal zusammenkrampfte und sich das Karussell in seinem Kopf nur um den Gedanken »Ich will sterben« drehte, da wimmerte er kurz ein Wort: »Mama.« Und Mimi, die neben ihm stand, ihre Hand auf seiner Schulter, sagte nur ruhig: »Ist gut.« In diesem Moment fühlte sich Jonas von seiner Freundin tief geliebt. Doch dass er Mama und Mimi in seinen Gedanken und Gefühlen irgendwie vermischt hatte, dieser Gedanke verunsicherte Jonas später.

Jonas ist eine erfundene Person. Aber wenn er in der wirklichen Welt einem echten Psychologen von seinen Erlebnissen erzählen würde, bekäme er vielleicht die Einschätzung zu hören: »Keine Sorge, du bist kein irrer Perverser!« Eine ganze Reihe von Psycho-Fachleuten würde ihm erklären, dass seine Liebe zu Mimi durchaus mit der Liebe zu seiner Mutter zu tun haben dürfte. Wenn Jonas einem solchen Psychologen darauf nur ein halb ungläubiges, halb verzweifeltes »Echt jetzt?« entgegenschleudern würde, dann bekäme er vielleicht eine etwas ausführlichere Antwort, die ihn ein wenig beruhigen könnte.

Was Mimi mit Mama zu tun hat

Wenn die Untergruppe von Psychologen, die sich »Evolutionspsychologen« nennen, die Frage beantwortet: »Was ist Liebe?«, dann kommt schnell die Aussage: »Menschen sind komplizierte Tiere. Damit die Fortpflanzung bei einem so komplizierten Tier wie dem Homo sapiens gut klappt, braucht es etwas ziemlich Kompliziertes. Das ist dann am Ende das, was man Liebe nennt.«

Es gibt aber auch Psychologen, denen es nicht so wichtig ist, dauernd zu behaupten: »Der Mensch ist nach Millionen von Jahren der Evolution immer noch ein Tier.« Diese Psychologen interessieren sich mehr für das, was hier und heute geschieht, wenn Menschen miteinander in Kontakt treten. Und sie wollen wissen, was passiert, wenn Kontakt unter Menschen fehlt oder misslingt. Diese Psychologen geben eine weitgehend andere Antwort auf die Frage »Was ist Liebe?«.

Die engste Bindung der Welt

Wenn man wie sie einen psychologischen Blick auf den Menschen wirft, wird schnell klar: Die erste Begegnung, die etwas mit Gefühlen zu tun hat, ist immer die Begegnung mit der Mutter. Schon vor der Geburt tritt das neue Menschenwesen mit der Frau in Kontakt, in deren Bauch es heranwächst. Und sei es nur durch Tritte, mit denen sich der Sohn oder die Tochter bemerkbar macht. Autsch.

Das Ungeborene ist in diesem Moment im Grunde noch Teil des Körpers seiner Mutter. Der neue Mensch ist noch völlig von einem anderen Menschen umfangen. Und doch ist das neue Menschenwesen auch schon getrennt von seiner Mutter. Die Tritte, die eine

Schwangere spürt, hat sie nicht mit ihrem eigenen Willen ausgelöst. Das ist jemand anderer, der da tritt. In den Nervenbahnen dieses anderen wird der Impuls ausgelöst: »Jetzt spanne ich mal die Muskeln meines Beines – und trete.«

Wenn ein Arzt oder auch der Vater nach der Geburt die Nabelschnur durchtrennt, ist das Neugeborene von einer Sekunde auf die andere nicht mehr körperlich mit seiner Mutter verbunden. Die ersten Tage, Wochen, Monate ist das dem Baby noch nicht wirklich bewusst. Wenn die Entwicklung so läuft, wie sie laufen sollte, nimmt das Baby die Welt vielmehr als etwas wahr, das immer noch stets mit der Mutter zu tun hat.

Wenn der Säugling Hunger spürt, dann fließt bald schon Milch aus der Brust der Mutter und stillt diesen Hunger. Jonas etwa erinnert sich nicht mehr daran, aber auch für ihn fühlte es sich so an: Die Mutter und das Sattwerden waren eins. Die Wärme der Mutter, ihr Geruch und immer wieder ihr Gesicht, ihre Stimme – das sind die wichtigsten und intensivsten Eindrücke, die ein Baby anfangs über die Welt sammelt, in die es hineingeboren wurde. Dadurch entsteht, wenn es gut läuft, die tiefste Gefühlsbindung, die ein Mensch erleben kann: die Bindung an die Mutter. Wenn Jonas als Baby ein Wort dafür gehabt hätte, dann wäre es wohl gewesen: Liebe.

Dass Jonas als Säugling in seinen Gefühlen ganz und gar mit seiner Mutter eins sein wollte, war naheliegend, solange er als Baby nicht alleine essen oder laufen konnte. Im gleichen Maß, in dem er selbstständiger wurde, löste er sich ganz naturgegeben aus der Verschmelzung mit seiner Mutter. Sich als eigenständiges Wesen zu erfahren, das das eigene Leben selbst gestaltet, ist Voraussetzung, um zu einem geistig gesunden Menschen heranzuwachsen. Darin sind sich die Psychologen einig.

Noch intensiver ist das Gefühl »I love Mama«.

Sehnsucht nach Verschmelzen

Eigenständig sein heißt aber eben auch: getrennt sein. Vor der Geburt und auch noch einige Zeit danach fühlte sich Jonas eins mit der Welt, weil er sich eins mit seiner Mutter fühlte. Das war in der Regel ein gutes Gefühl, ein sehr gutes sogar. Mit dem Abstand, den ein Kind zur Mutter gewinnt, fühlt es sich aber nicht nur selbstständig. Es fühlt sich auch immer mehr auf sich selbst gestellt. Auch das kann sich gut anfühlen. Es kann aber auch das Gefühl des Alleinseins mit sich bringen. Bis hin zu einer Einsamkeit, die sich zur reinen Verzweiflung steigert. Die erste Erinnerung aus seiner Kleinkindzeit, die Jonas im Gedächtnis geblieben ist, ist die fürchterliche Hilflosigkeit, die er empfand, als er mit drei oder vier Jahren im Gewusel auf einem Weihnachtsmarkt seine Eltern aus den Augen verlor. Sein Gedächtnis verrät ihm nicht, wie lange es dauerte, bis seine Mutter ihn wieder in die Arme schloss. In seiner Erinnerung war es eine grausame Ewigkeit.

Das Gegenrezept der menschlichen Psyche gegen die Verzweiflung der Einsamkeit, so sagen es viele Psychologen, lautet: Das Verschmelzen, das das Baby im Kontakt zur Mutter findet, sucht der jugendliche und der erwachsene Mensch woanders. Meistens sucht er es im Kontakt mit anderen, mehr oder minder gleichaltrigen Menschen. Das kann eine große Gruppe sein, in der der Mensch aufgehen möchte. Wer Fußballfan ist, der versinkt vielleicht wohlig in der Menschenmasse der Fankurve. Wenn die Musik passt, kann das Verschmelzen mit anderen beim Tanzen in einem Club ebenso gelingen wie bei einem Rockkonzert. Jonas etwa ist zwar nicht zum Fan von Neuer Deutscher Härte geworden, als sein älterer Bruder ihn einmal zu einem Rammstein-Konzert mitnahm. Aber ein Gefühl dafür, was es bedeutet, sich einige Zeit lang geradezu rauschhaft selbst zu verlieren, hat er dort schon bekommen.

Egal ob Fußballstadion oder Metal-Konzert – ein solches Aufgehen in der Gruppe ist spätestens nach ein paar Stunden wieder vorbei. Und mit anderen Menschen auf diese Weise zu verschmelzen, ist meist auch nicht öfter möglich als alle paar Wochen oder höchstens alle paar Tage. Sich bei einem Sieg seines Fußballclubs zu vergessen, gelingt selbst einem FC-Bayern-Fan höchstens dreißig oder vierzig Mal im Jahr.

Manche wollen auch in etwas eintauchen, das sie als »etwas Höheres« bezeichnen. Das kann mit dem Wort Gott bezeichnet werden. »Gottesliebe« nennt sich das dann. Wieder andere wollen mit etwas eins werden, in dessen Auftrag sie sich gerne stellen möchten: Volk und Vaterland etwa. Von »Vaterlandsliebe« ist dann die Rede.

Der Weg aus der Einsamkeit, den die meisten Frauen und Männer, Mädchen und Jungs suchen, ist aber ein anderer: Sie haben den Wunsch, mit einem einzelnen Menschen zu verschmelzen. Das heißt dann Verliebtsein. Liebe. Meist, aber bei Weitem nicht immer, geht es dabei um einen Menschen des anderen Geschlechts. Das wäre also eine Antwort, die viele Psychologen auf die Frage »Was ist Liebe?« geben: ein Zustand, in dem zwei Menschen die Grenzen zwischen sich auflösen und sich gegenseitig so bedingungslos annehmen, wie eine Mutter – im Idealfall – ihr Baby bedingungslos annimmt.

Und was ist mit dem Sex?

Wenn man Jonas die psychologische Erklärung vortragen würde, dass er mit Mimi die Verschmelzung sucht, die er als Baby mit seiner Mutter erlebt hat, würde er seine Stirn zweifelnd in tiefe Falten legen. Das ändert nichts daran: Viele Psychologen sind sich einig, dass es genau darum geht: Die Sehnsucht nach Liebe ist auch die Sehnsucht danach, kein schmerzhaftes Abgetrenntsein von der Welt spüren zu müssen. Auch Jugendliche und Erwachsene möchten geliebt werden, wie Mütter idealerweise ihre Kinder lieben: bedingungslos. Ein Neugeborenes muss nicht hübsch sein, es muss nichts leisten, damit seine Mutter es liebt. Ein Baby kann ja auch noch gar nichts bewusst tun, um geliebt zu werden. Es wird geliebt, weil es da ist.

Genau das wünschen sich Menschen in jedem Lebensalter. Der 15-Jährige genauso wie der 50-Jährige und der 75-Jährige. Sie wollen nichts Besonderes tun müssen, nicht besonders schön sein müssen. Sie wollen einfach geliebt werden, wie sie sind. Und wer so geliebt wird, der kann diese Liebe hoffentlich genauso erwidern.

So geht es auch Jonas. Was ihn bei Mimi am meisten umhaut, ist das Gefühl, dass er gar nicht perfekt sein muss. Er freut sich natürlich, wenn sie bei manchen seiner Witze gar nicht mehr aufhören kann zu kichern. Es schmeichelt ihm, dass sie ihn toll findet, wenn er Klavier spielt. Er mag es, wenn sie anerkennende Bemerkungen darüber macht, wie gut sein Körper gebaut ist. Und Mimi mag es, wenn Jonas über ihre Witze lacht. Es gefällt ihr, dass er sie bewundert, wenn sie ein Referat wirklich cool abliefert. Und sie wird ganz verlegen, wenn er ihr in unbeholfenen Worten zu verstehen gibt, dass er sie unglaublich hübsch findet.

Ganz besonders geliebt fühlt sich Jonas aber, als er sich daran erinnert, wie er sich bei Alexanders Party nach vier Bier und fünf Shots die Seele aus dem Leib kotzte. Und wenn er sich daran erinnert, wie Mimi neben ihm stand, neben ihm kniete. In diesem Moment fühlte er sich gar nicht liebenswert. Sie aber ließ sich vom Geruch des Erbrochenen und seiner leichenblassen Fratze nicht abschrecken. Fast so, wie eine Mutter sich am Geruch der Windeln ihres Babys nicht wirklich stört und auch nicht daran, wenn das kranke Kind vor Schmerzen

schreit. Dieser Gedanke kommt Jonas nicht bewusst in den Kopf. Aber er wäre deswegen nicht falsch.

Man kann den Gedanken, dass Mutterliebe und alle anderen Formen der Liebe etwas miteinander zu tun haben, durchaus zu Ende denken, ohne dass es einen gleich schaudert. Es geht ja nicht darum, dass Jonas sich vorstellt, er würde seine Mama küssen, wenn seine Lippen Mimis Lippen berühren. Es geht auch nicht darum, dass er sich vorstellt, er würde wieder an die Brust seiner Mutter greifen, wenn er seine Freundin anfasst.

Es geht um etwas anderes. Darum, dass Jonas und Mimi sich nicht zu wundern brauchen, wenn sie erleben, auf welche Achterbahnfahrten ihre Verliebtheit sie zeitweise schickt. So intensiv die Verbundenheit des Babys mit seiner Mutter sein kann, so heftig ist auch die Verzweiflung dieses Babys, wenn seine Mama mal nicht da ist. Mit der Mutter und mit dem

Vater erleben und lernen Kinder, was wirklich tiefe Bindungen sein können. Was es bedeuten kann, intensive Gefühle für einen anderen Menschen zu haben. Genauso ist es mit Verliebtheits- und Liebesgefühlen, die Jugendliche und Erwachsene erleben. Sie können lodernd brennen, schwindelerregend schwanken, beängstigend verwirren. So lauten moderne psychologische Erklärungen der Liebe.

Sind wir alle Ödipussis?

Der Gedanke, dass Mama etwas mit dem Thema Liebe zu tun haben könnte, ist für Jonas und Mimi natürlich auch deswegen verstörend, weil sie sich auf eine ganz besondere Art und Weise zueinander hingezogen fühlen: körperlich. Den Begriff »Mom I'd like to fuck« – kurz »MILF« – kennt Jonas zwar. Aber er könnte schnell erklären, dass damit natürlich nicht die eigene Mutter gemeint ist, sondern eher zum Beispiel die ziemlich attraktive Mutter seines Freundes Jakob. Mimi erklärt ihm irgendwann, dass es auch den Begriff des DILF gibt: »Dad I'd like to fuck.« Was Jonas ebenso eigenartig findet.

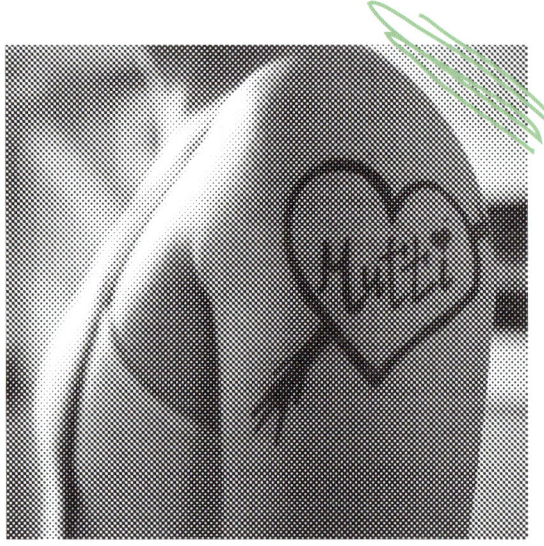

Diese Liebe geht unter die Haut.

Der Gedanke, Väter oder Mütter körperlich anziehend finden zu können, ist deshalb so verstörend, weil in so gut wie allen Kulturen auf dem ganzen Erdball schon seit Urzeiten eine Regel unverrückbar gilt: Liebe unter Verwandten hat etwas grundsätzlich anderes zu sein als Liebe unter Menschen, die nicht miteinander verwandt sind.

Einer der Urväter der modernen Psychologie, Sigmund Freud, hat allerdings vor gut hundert Jahren die Theorie entwickelt, dass sich das eine vom anderen nicht wirklich sauber trennen lasse. Freud war der Ansicht: Wenn kleine Jungs entdecken, dass sie keine geschlechtslosen Wesen sind, richten sie ihr sexuelles Begehren auch auf ihre Mutter. Und kleine Mädchen entsprechend auf den Vater.

Als es darum ging, ein Wort dafür zu finden, griff Freud auf die griechische Sagenfigur Ödipus zurück. Er wächst in der Erzählung fern von seinen Eltern auf. Als erwachsener Mann kehrt er an seinen Geburtsort zurück. Niemand weiß, wer er in Wirklichkeit ist. So ergibt es sich in der Sage, dass er nach diversen Verwicklungen zunächst seinen Vater tötet und später seine Mutter heiratet. Eine »ödipale Phase«, in der die Mutter (bzw. bei Mädchen der Vater) begehrt wird, durchlaufen alle Menschen, glaubte Sigmund Freud. Wichtig sei es, dass man nicht in dieser Phase der Entwicklung stehen bleibt.

In der modernen Psychologie gilt vieles, was Sigmund Freud für richtig hielt, inzwischen als zweifelhaft oder überholt. Als unbestritten gilt aber, dass das Verhältnis, das kleine Kinder zu ihren Eltern haben, eine wichtige Rolle spielt, wie sie später als Jugendliche und Erwachsene mit dem Thema Liebe umgehen. Jonas muss also nicht die ganze Zeit darüber grübeln, was Mimi mit seiner Mama gemeinsam hat. Oder auch nicht.

Aber wenn Jonas irgendwann mal darüber nachdenkt, wie er mit anderen Menschen umgeht, auch und gerade mit den Mädchen und Frauen, in die er sich verliebt, dann wird er feststellen: Es hat etwas damit zu tun, wie seine Eltern mit ihm umgegangen sind. Und es hat etwas damit zu tun, wie seine Eltern miteinander umgegangen sind. Das Gleiche gilt für Mimi: Wie man den Satz »Liebe ist …« zu Ende bringen kann, darüber hat auch sie vieles unbewusst von ihren Eltern erfahren.

Die Eltern von Jonas und Mimi, wie auch andere Erwachsene, waren für sie nicht nur Vorbild, wenn es darum geht, wie man sich anzieht, wie man redet, was man isst. Sie lieferten auch das Vorbild dafür, was das Wort »Sex« bedeutet. Als Jonas und Mimi im Jugendalter anfingen, eine besondere Art von Liebe zu suchen, kamen also zwei Sachen zusammen: die Sehnsucht nach Geborgenheit, wie sie ein Kind bei den Eltern erlebt, vor allem bei der Mutter, und die Sehnsucht nach dem Hochgefühl, das es bedeuten kann, wenn zwei Menschen sich körperlich voneinander angezogen fühlen und sie dieser Anziehungskraft nachgeben dürfen. Und können.

Verliebt in die Biolehrerin? Verknallt in einen Star?

Wenn Jugendliche zum ersten Mal erleben, dass es Gefühle gibt, die ein kleines Kind nicht kennt, dann ist es ihnen mitunter peinlich, dass diese erwachsenen Regungen sich nicht nur auf Gleichaltrige, sondern mitunter auch auf Erwachsene richten. Auch Mimi und Jonas ist es nicht erspart geblieben, Verliebtheitsgefühle für jemanden zu empfinden, bei dem das Ganze von vornherein komplett zum Scheitern verurteilt war.

Wenn Mimi ehrlich ist, muss sie zugeben: Das, was sie über ein Jahr lang für ihren absolut über allen anderen Menschen stehenden Star empfand, war gar nicht unähnlich dem,

was unter der Überschrift »Verliebtheit« läuft. Sie bekam ein warmes Gefühl, wenn sie seine Stimme hörte, Bilder und Videos von ihm anschaute. Sie stellte sich vor, wie es wäre, ihn zu treffen. Sie tat alles, um auf eines seiner wenigen Konzerte gehen zu können. Kein Zweifel: Sie war irgendwie verknallt. In einen Star. Gar nicht gut.

Jonas nahm irgendwann eine Verknalltheit in die Abteilung »Geheimnisse« in seinem Gehirn auf, die ihm nicht weniger unangenehm war. Es war zwar jetzt schon fast ein Jahr her, dass er Frau Gerber im Biounterricht hatte. Wobei er nicht an »Frau Gerber« dachte, wenn seine Gedanken zu ihr wanderten. Auch nicht an Melanie, das wäre ihr Vorname gewesen. Wenn er an sie dachte, war da einfach eine Frau, die er wahnsinnig anziehend fand. Ihr Gesicht. Ihre Figur. Ihre schlagfertige, ironische Art. Die Art, wie sie sich kleidete. Nur dass sie eben 15 oder 20 Jahre älter war als er. Und seine Lehrerin. Trotzdem: Jonas muss sich eingestehen, dass er eine Zeit lang in diese Frau verliebt war.

Aber Frau Gerber trug auch, ohne dass sie es wusste, dazu bei, dass Jonas irgendwann eines kapierte: dass es mit Mimi wirklich besonders war. Denn er erzählte ihr einige Wochen nach seinem Absturz bei Alexanders Party, was die Lehrerin in ihm ausgelöst hatte. Als er von dieser Verliebtheit sprach, die ihm kaum weniger Peinlichkeit bereitete als das Erbrochene auf dem Toilettenboden, fühlte er sich von Mimi genauso angenommen wie in dem Moment, als sie ihm die Hand auf die Schulter gelegt hatte. Und sie konnte ihm von ihrer Verliebtheit in ihren Star erzählen, ohne dass Jonas sich über sie lustig machte.

»Schaut gut aus bei den beiden«, würde vielleicht der eine oder andere Psychologe sagen. Wobei er sich wohl nicht trauen würde, eine Vorhersage zu machen, wie lange sie tatsächlich zusammenbleiben.

34

BRÄUCHE
RITUALE
MODEN

Wie zeigt man Liebe?

???

Vorsicht, Sachschaden!

Wie lange schon Menschen Herzen, Namen, Anfangsbuchstaben oder Pfeile in Baumrinden schnitzen, lässt sich nicht genau feststellen. Der Dichter Wilhelm Müller schrieb jedenfalls schon vor rund 200 Jahren:

»ICH SCHNITT ES GERN IN ALLE RINDEN EIN … DEIN IST MEIN HERZ UND SOLL ES EWIG BLEIBEN.«

Je nachdem, wie tief das Herz in die Rinde eingegraben wird, zeigt es jahrzehntelang, wer sich da einmal zu einer Liebe bekannt hat. Allerdings kann ein Baum durch dieses Bekenntnis auch einigen Schaden davontragen. Juristisch gesehen gilt das Herz in der Rinde deswegen als Sachbeschädigung.

Und dann gibt es auch noch diesen englischen Spruch: »When I see lovers' names carved into a tree, I don't think it's cute. I just think it's strange how many people bring knives on a date.« – »Wenn ich die Namen von Liebenden in Bäume geschnitzt sehe, finde ich das nicht süß. Ich denke nur, merkwürdig, wie viele Leute zu einem Date ein Messer mitbringen.«

Das Schloss am Zaun:

Vorsicht, Einsturz- oder Rostgefahr!

Wie bei vielen Liebesbräuchen weiß auch keiner genau, wann das erste Mal zwei Liebende ein Vorhängeschloss an ein Geländer gehängt haben. Sicher ist allerdings, dass dieser Brauch erst nach dem Jahr 2000 seinen weltweiten Siegeszug angetreten hat. Es gibt Vermutungen, dass es vor allem junge Leute in Florenz waren, die dem Brauch den Weg bereiteten. Sie brachten Schlösser an der Altstadt-Brücke Ponte Vecchio an und warfen die Schlüssel in den Fluss Arno. Der italienische Roman »Drei Meter über dem Himmel« und seine Verfilmung aus dem Jahr 2004 zeigen das Liebesritual in Rom. Hier flogen die Schlüssel in den Tiber.

In vielen Städten sehen die Behörden den Brauch nicht gerne. Dabei geht es nicht nur um die Frage, ob es wirklich ein schöner Anblick ist, wenn Tausende Schlösser an einem Brückengeländer oder an Lampen entlangwuchern. Es gibt auch andere Gründe, die Schlösser-Mode skeptisch zu sehen. An der Brücke Pont des Arts in Paris ist am 8. Juni 2014 ein Teil des Geländers zusammengebrochen, weil die vielen Tausend Schlösser zu schwer geworden waren. Die Stadtverwaltung von Paris entfernte im Jahr 2015 Hunderttausende Schlösser mit einem Gewicht von rund 45 000 Kilogramm. Wenn hingegen die Stadtverwaltung von München regelmäßig Schlösser knackt, geht es nicht so sehr ums Gewicht, sondern um die Gefahr, dass rostige Vorhängeschlösser das Brückengitter – etwa im Stadtteil Thalkirchen – rosten lassen.

Einige Städte wie Florenz oder Venedig haben aus solchen Gründen Liebesschlösser verboten. Anderswo werden sie gefördert. Auf einem Aussichtsberg oberhalb der koreanischen Hauptstadt Seoul gibt es Zäune, die mittlerweile vor allem einen Zweck haben: dass man dort sein Schloss hinterlassen kann.

Eines ist jedenfalls sicher: Die Firmen, die Vorhängeschlösser herstellen, haben ihre Verkaufszahlen in den vergangenen Jahren auf unverhoffte Weise um viele Millionen Stück steigern können. Und sie haben entsprechend zusätzliche Millionenumsätze gemacht.

SO MANCHES LIEBESSCHLOSS HÄLT LÄNGER ALS DIE DAMIT VERBUNDENE LIEBE.

Das Blumenorakel:
Vorsicht, Mathematik!

Wer verliebt ist und nicht weiß, ob er (oder sie) zurückgeliebt wird, kann das tun, was Johann Wolfgang von Goethe in seinem Theaterstück »Faust« im Jahr 1808 die junge Margarete machen lässt. Dort heißt es:

SIE PFLÜCKT EINE STERNBLUME
UND ZUPFT DIE BLÄTTER AB,
EINS NACH DEM ANDERN.

MARGARETE HALB LAUT:
**ER LIEBT MICH –
LIEBT MICH NICHT.**

FAUST:
DU HOLDES HIMMELSANGESICHT!

MARGARETE FÄHRT FORT:
**LIEBT MICH – NICHT –
LIEBT MICH – NICHT –**

DAS LETZTE BLATT AUSRUPFEND,
MIT HOLDER FREUDE:
ER LIEBT MICH!

Wer das »Blumenorakel« befragt, sollte dabei lieber mit »Er (oder sie) liebt mich nicht« anfangen. Denn üblicherweise haben die beliebtesten Orakelblumen, wie etwa Gänseblümchen, eine gerade Zahl von Blütenblättern. Wer mit »… liebt mich nicht« beginnt, ist beim letzten Blatt also immer bei »… liebt mich«.

Die Schleife am Wiesn-Dirndl:
Vorsicht, Missverständnisgefahr!

Auf dem Münchner Oktoberfest, dem größten Volksfest der Welt, können Frauen und Mädchen durch ihre Kleidung zeigen, wie empfänglich sie für Annäherungsversuche sind. Voraussetzung dafür ist, dass sie ein Dirndl tragen. Die entsprechende Information wird in die Schleife gesteckt, die bei dem folkloristischen Kleidungsstück zur Schürze gehört.

Dass dieser Schleifen-Code die Gefahr von Missverständnissen in sich birgt, liegt auf der Hand. Das beginnt bei der Frage: »Was ist mit links und rechts gemeint? Ist das von der Dirndl-Trägerin aus gesehen oder vom Betrachter?« (Antwort: Von der Dirndl-Trägerin aus gesehen.) Außerdem ist vielen Wiesn-Besucherinnen die Sache mit den Schleifen gar nicht bewusst. Und was die hinten gebundene Schleife angeht: Die ist am häufigsten bei Bedienungen zu sehen, nicht bei trauernden Witwen. Aber ein netter Kleidungs-Liebes-Code ist die Sache mit den Schleifen trotzdem.

Schleife links heißt:
Annäherungsversuche erlaubt.

Schleife rechts heißt:
Annäherungsversuche lieber lassen, ich bin vergeben.

Schleife in der Mitte heißt:
Ich bin noch Jungfrau.
Und das soll sich heute eher nicht ändern.

Schleife hinten heißt:
Ich bin verwitwet. Und ich bin nicht unbedingt zur
Männersuche auf der Wiesn.

Vorsicht, Peinlichkeitsgefahr!

Wer Liebeslieder sucht, die etwas mit dem 14. Februar zu tun haben, findet Dutzende Songs: Von Kina Grannis (rund 20 Millionen Aufrufe bei YouTube), Gothilia (rund 22 Millionen Aufrufe), Xandria (7 Millionen Aufrufe), Paul McCartney (alleine 10 Millionen Aufrufe des Videos mit Natalie Portman und Johnny Depp). Der Jazz-Klassiker »My Funny Valentine« bringt es in verschiedenen Einspielungen auf zig Millionen Aufrufe. Alles auf Englisch.

Auf Deutsch findet sich an Songs zum 14. Februar zum Beispiel etwas von »Dr. Faustus & Räuber Rob aka. Frauenarzt«. Sie haben mit ihrem »Valentinstag« jedoch weniger als ein Tausendstel der Aufrufe englischer Titel. Was ziemlich klar heißt: Der Brauch, sich mit einem kleinen Geschenk, mit Blumen, mit einer Postkarte zu zeigen, dass man aneinander denkt, ist nicht in der deutschsprachigen Welt verwurzelt, sondern dort, wo man Englisch spricht. Da lässt sich die Geschichte des »Valentine« über viele Jahrhunderte zurückverfolgen. Anfangs hatte der Tag vor allem etwas mit einem Heiligen namens Valentin zu tun. Ab dem Mittelalter schon wurde das Datum als Tag der Verliebten begangen. Ab dem 19. Jahrhundert wurde es in Großbritannien, Irland und den USA immer beliebter, sich am 14. Februar besonders intensiv seine Zuneigung zu zeigen – mit Karten oder kleinen Geschenken. Inzwischen versuchen Blumenhändler und Geschenkeverkäufer auf der ganzen Welt, ihre Kundschaft davon zu überzeugen, dass man am Valentinstag jemandem etwas Hübsches zukommen lassen sollte. Die einen tun's inzwischen auch in der nicht englischsprachigen Welt, die anderen nicht. Nicht zuletzt deshalb, weil auch bei Valentinstags-Geschenken immer die Gefahr besteht danebenzuliegen.

Der Ring:
Vorsicht, Verlustgefahr!

Der Brauch, mit einem Ring am Finger zu zeigen, dass man an jemanden gebunden ist, lässt sich nicht nur über Jahrhunderte zurückverfolgen, sondern sogar über Jahrtausende. In vielen Kulturen gehört der Ring zur Ehe einfach dazu. Darüber, ob er an die linke oder rechte Hand gesteckt wird, gibt es von Land zu Land verschiedene Vorlieben. In Deutschland und Österreich wird er meist rechts getragen. In südeuropäischen Ländern und den USA hingegen ist die linke Hand beliebter. Als Erklärung dafür gilt eine Legende, wonach durch den Ringfinger der linken Hand angeblich eine Ader läuft, die direkt zum Herzen führt, die »vena amoris«. Es ist dabei keineswegs überall üblich, dass Mann und Frau sich gegenseitig Ringe anstecken. Bei traditionellen jüdischen Hochzeiten bekommt nur die Frau einen Ring.

Passiert öfter, als man denkt: Eheringverlust.

Weil man üblicherweise nicht sofort heiratet, hatten sich eine Zeit lang Verlobungsringe weit verbreitet. Mit denen sollte der Wille zur späteren festen Bindung in einer Ehe gezeigt werden. Auch heute noch gibt es Paare, die sich Verlobungsringe an den Finger stecken. Wer einen Verlobungsring schenken will und sich umhört, was der kosten soll, wird möglicherweise etwas schlucken. Von einem bis drei Monatsgehältern ist in entsprechenden Ratgebern die Rede. Solche Ratschläge werden auch gerne von Juwelieren und Schmuckhändlern erteilt. Natürlich nicht ohne wirtschaftliches Eigeninteresse.

Ob Ehering, Verlobungsring oder Freundschaftsring – die kleinen Metallreifen haben den Vorteil, dass man sie Tag und Nacht am Körper lassen kann. Was man immer bei sich trägt, kann man aber auch immer verlieren. Mit Geschichten von abhandengekommenen Ehe- und Verlobungsringen lassen sich ganze Bücher füllen. Und wer bei eBay gebrauchte Ehe- oder Verlobungsringe sucht, wird alleine in Deutschland stets die Auswahl unter mehreren Hundert Angeboten haben. Edelmetall wie Gold oder Silber hält eine Ewigkeit. Die Liebe nicht immer.

Zwischenfrage

Vorsicht, Verklickgefahr!

Wer heute jung ist, kennt sich mit der Frage, wie man seinen Beziehungsstatus durch einen Ring am Finger zeigt, oft nicht mehr ganz so aus. Da ist es schon eindeutiger, wenn etwa bei Facebook steht: »in einer Beziehung« oder »Single«. Der Umgang mit der vermeintlich eindeutigen Auswahl ist dann aber doch nicht so einfach. Wie findet es ein Mädchen, wenn ein Junge nach einer Party-Knutscherei seinen Status von »Single« auf »in einer Beziehung« ändert? Vielleicht klickt sie bei ihrem Status ja auf »Es ist kompliziert«. Aufpassen müssen die beiden auch, dass sie nicht aus Versehen auf etwas klicken, das sie gar nicht so meinen, das beim anderen aber merkwürdig ankommen kann: Der eine klickt auf »in einer Beziehung«, der andere geht mit der Maus auf »in einer offenen Beziehung«. Ein Trost: Bei den Verlobungs- und Eheringen ist auch nach mehreren Tausend Jahren nicht immer und überall klar, wie man mit ihnen umgeht.

42

Hochzeitsrituale:

Vorsicht, Gehörschaden!

Zu einer Hochzeit gehören nicht nur Kleid, Anzug, Standesamt und gegebenenfalls Kirche, sondern vor allem Rituale. Eine kleine Auswahl:

REIS WERFEN: Kommt aus dem asiatischen Raum. Soll Fruchtbarkeit bringen. Viele Kirchen und Standesämter haben aber keine Lust, dauernd aufzukehren. Deswegen ist es vielerorts inzwischen verpönt bis verboten.

BLUMEN STREUEN: Wenn Kinder vor dem Brautpaar Blütenblätter ausbreiten, sieht das hübsch aus. Und soll auch Fruchtbarkeit symbolisieren.

BRAUTSTRAUSS WERFEN: Man kennt es vor allem aus amerikanischen Filmen: Die Braut dreht sich um und wirft den Strauß, den sie vom Bräutigam bekommen hat, den anwesenden unverheirateten weiblichen Gästen zu. Wer ihn fängt, heiratet als Nächste, heißt es. Über Hollywood ist der Brauch auch nach Europa gekommen.

LÄRMENDE AUTOFAHRT: Bei der Abfahrt von der Trauung einen Autokorso zu bilden und dabei lautstark zu hupen, ist in Europa immer noch verbreitet, auch wenn die Standesämter und Kirchen versuchen, diese Lärmbelästigung einzuschränken. Die amerikanische Sitte, dem Ehepaar klappernde Dosen ans Auto zu binden, ist in Europa vor allem in Kinofilmen zu sehen, seltener in der Wirklichkeit.

POLTERABEND: An einem der Abende vor der eigentlichen Hochzeit wird Geschirr zerbrochen, manchmal sogar ganze Waschbecken. Das soll Glück bringen. Und es ist eine Möglichkeit, etwas kostengünstiger zu feiern: eine große Party, bei der die Gäste vor allem mit Bier versorgt werden, während sie Porzellan zerdeppern. Und erst etwas später eine kleine, feine Hochzeit – statt eines einzelnen, ganz großen Festes, das entsprechend teuer kommt.

JUNGGESELLENABSCHIED: Die Idee: Der Bräutigam macht mit Freunden ein letztes Mal all das, was sich für einen gesitteten Ehemann nicht mehr gehört. Sie saufen, ziehen sich skurrile Klamotten an, gehen in eine Strip-Bar. War früher in Europa eher unbekannt, hat – befeuert durch amerikanische Filme – aber beträchtlichen Aufschwung erlebt. Und wird auch von den Bräuten inzwischen gerne übernommen: mit abgedrehten Klamotten, viel Alkohol und eigenartigen Pflichtübungen, wie etwa Krimskrams aus einem Bauchladen an Wildfremde zu verkaufen.

LIEBE
IST

... Quelle des Glücks.

(sagt der Dalai Lama, geistliches Oberhaupt der tibetischen Buddhisten)

... immer eine Art Wahnsinn,
mehr oder minder schön.

(sagt Heinrich Heine, Dichter)

... wenn ich an dich denk und
es mir gut geht.

(sagt Sido, Musiker)

... ein Rauch, der aus dem Dampf
von Seufzern steigt.

(sagt William Shakespeare, Dichter)

... so wie du bist.

(sagt Nena, Sängerin)

... im Allgemeinen die Bezeichnung für
die stärkste Zuneigung und Wertschät-
zung, die ein Mensch einem anderen
entgegenzubringen in der Lage ist.

(sagt Wikipedia, Online-Enzyklopädie)

Was ist Liebe?

ANTWORT 4:
»EINE ABMACHUNG.«

Oder:
Kann es nicht
sein, dass die
Menschen sich die
Liebe nur aus-
denken?

Fabian hatte lange nachgedacht, ob es die beste Gelegenheit war für das, was er vorhatte. Irgendwann schien ihm klar. Eine Party, die unter dem Motto »A night to remember« stand – das war genau der richtige Abend. Er würde Serap den Ring geben, den er für sie gekauft hatte. Silberner Ring, kleiner grüner Stein. Passte zu ihren braunen Augen, fand er. Er wollte heraus aus der Friend-Zone, in der er sich irgendwie gefangen fühlte. Sie hatte ihn zwar schon ein paarmal fest umarmt, wenn er sie nach Hause brachte. Doch das taten ja auch gute Freunde. Sie zu küssen, hatte er sich nie getraut. Also hatte er beschlossen, ihr mit einem Ring zu zeigen, dass er mehr wollte. Heute würde er ihr den Ring schenken. Er würde ihr ein Zeichen geben und hoffen, dass sie es verstand.

Als Fabian den Ring zwischen seinen Fingern bewegte, fragte er sich, woher eigentlich die Idee stammte, dass dieses Zeichen normalerweise von Serap verstanden werden müsste. Wie wäre es, wenn ein Mädchen und ein Junge wie sie alleine auf einer einsamen Insel aufwachsen würden? Niemand würde ihnen erzählen, was man tut, wie man sich verhält. Fabian hatte mal von der Verfilmung eines Romans mit dem Titel »Die blaue Lagune« gehört. Er hatte den Film nicht gesehen, aber den Kern der Geschichte so verstanden: Ein Mädchen und ein Junge sind allein auf einer Insel. Irgendwann merken sie: Sie sind keine Kinder mehr, denen es genügt, gemeinsam im Sand zu spielen. Doch was passiert, wenn sie 14 Jahre alt werden, 15 oder 16? Verlieben sie sich ineinander? Wissen sie überhaupt, was verlieben bedeutet, was Liebe ist, wenn sie nie davon gehört haben? Wie zeigen sie sich ihre Liebe? Wollen sie sich küssen? Wollen sie miteinander schlafen?

Für den Romanautor der »Blauen Lagune« und den Regisseur, der das Buch verfilmt hat, war klar, dass sie eine romantische Liebesgeschichte entwickeln mussten. Denn hübscher Junge und hübsches Mädchen allein auf einer Insel – was soll bei diesen Zutaten anderes herauskommen als eine große Romanze?

Fabian legte sich auch ein anderes Gedankenspiel zurecht. Wie wäre es, wenn er und auch kein anderer in seinem Alter je gesehen hätten, wie sich Menschen küssen? Keiner wüsste, wie es aussieht, wenn Kristen Stewart oder Jennifer Lawrence jemanden küsst, wenn Elyas M'Barek seine Lippen auf andere Lippen drückt. Niemand hätte sich von Dagi Bee 15 verschiedene Arten zu küssen zeigen lassen. Letzteres hatte immerhin weit mehr als 13 Millionen Aufrufe bei YouTube. Die YouTuberin Bibi kommt mit ihren »10 Arten, wie man nicht küssen sollte« auf sechs Millionen Aufrufe.

Würden die Menschen von alleine auf die Idee kommen, dass es nett sein kann, sich zu küssen? Würde es jungen Verliebten von alleine einfallen, sich gegenseitig kleine Botschaften, Geschenke, Blumen zukommen zu lassen? Würden sie es ganz aus dem eigenen Kopf heraus für romantisch halten, ihren Jahrestag mit einem Essen bei Kerzenschein zu feiern?

Nur eine Übereinkunft?

Donald und Daisy, Micky und Minnie, Han Solo und Leia, Obelix und Falbala, Hermine und Ron, Katniss und Peeta, Romeo und Julia – dass man sich in Paaren zusammentut, hatte Fabian vom ersten Tag seines Lebens an überall präsentiert bekommen. Und Fabian war nicht der Erste. Das geht nicht nur seit Jahrzehnten so, sondern schon seit Jahrtausenden: Menschen hören und sehen ab dem Moment ihrer Geburt, dass man nicht allein sein sollte, sondern mindestens zu zweit. Zu Adam, dem ersten Mann, der in der Bibel erwähnt wird, gehört Eva. Zum griechischen Göttervater Zeus gehört Hera. Zum germanischen Ober-Gott Odin gehört die Göttin Frigg.
Aber nicht nur Sagen und Religionen zeigen: Leben heißt leben als Paar. Auch das wirkli-

che Leben zeigt: Zu Mama gehört Papa, zur Oma der Opa … Auch in der Wirklichkeit sind überall Paare und getrennte Paare zu sehen: William und Kate in englischen Schlössern, die Geissens an Swimmingpools, Angelina Jolie und Brad Pitt auf dem Weg zum Scheidungsanwalt. Wir sehen und hören tagtäglich: So geht Liebe. So geht das Ende der Liebe.

Was die meisten heute mit dem Wort »Liebe« verbinden, also die Liebe als Paar, wird von vielen Wissenschaftlern mit einem Wort ergänzt: Sie sprechen von der »romantischen« Liebe. Und die gebe es noch gar nicht so lange. Eigentlich sei die romantische Liebe erst vor ein paar Hundert Jahren »erfunden« worden. So wie die Dampfmaschine oder das Thermometer auch irgendwann erfunden wurden. Das heißt: Vor der Erfindung der romantischen Liebe habe es all das, woran Menschen heute beim Wort »Liebe« denken, nicht gegeben. Oder zumindest nicht in dieser Form.

Adam und Eva

»Wer ist der Richtige? Wer ist die Richtige?« Der Fernsehsender RTL hat sich für eine Show, die diese Frage in den Mittelpunkt stellt, den Titel »Adam sucht Eva« einfallen lassen. Dabei ist aber ein grober gedanklicher Fehler unterlaufen. In der jahrtausendealten Erzählung von der Erschaffung der Menschen brauchte Adam seine Partnerin nicht zu suchen. Die war direkt bei ihm. Es war weit und breit auch keine andere in Sicht. Der erste Mann der biblischen Schöpfungsgeschichte musste nicht grübeln, ob Michelle, Katja, Annalisa oder Eva die Richtige für ihn sei. Denn es gab ja nur Eva.

So ging es dann weiter, in den Erzählungen der Bibel und anderer alter Bücher wie im wirklichen Leben. Die Geschichte der Menschheit ist seit Jahrtausenden eine Geschichte von Paaren, die sich nicht gesucht und gefunden haben, um ihre Sehnsucht nach Liebe auszu-leben. Vielmehr ist die Menschheitsgeschichte bevölkert von Paaren, die von der Gesellschaft, in der sie leben, zusammengebracht wurden. Oder genauer gesagt: von ihren Familien. Auch heute noch entscheiden in vielen Ländern die Eltern, wer der Richtige oder die Richtige für ihre Töchter und Söhne ist.

Serap etwa hat Fabian von ihrer Cousine Elif erzählt, die mit ihrer Familie in der Türkei lebt. Die dürfte ihr Leben lang keine große Freiheit haben, sich einen Mann auszusuchen. Seraps Onkel Hassan ist das, was man traditionell nennt. Er hat eine klare Vorstellung davon, was die Voraussetzung ist, dass eine Familie glücklich wird. Am besten ist es seiner Ansicht nach, wenn nicht junge Leute herumsuchen, sondern die Eltern das in die Hand nehmen.

So ist er mit seiner Frau Hülya zusammengebracht worden. Niemand hat sie direkt gezwungen, ein Paar zu werden. Aber es war klar, dass ihre Eltern es für eine gute Idee hielten, wenn genau diese beiden jungen Leute eine Familie gründeten. So geschah es dann auch. Seraps Onkel Hassan ist sicher, dass es eine glückliche Familie ist, die da nicht durch Zufall, sondern durch eine Abmachung gegründet wurde. Aber nicht nur durch eine Abmachung, sondern auch mit Rücksicht auf die Tradition.

Wenn er Kritik an seinen Vorstellungen hört, fragt er: »Schaut doch in die Schulklas-

Adam musste Eva nicht suchen.

Paare über Paare: Angelina Jolie und Brad Pitt, Ernie und Bert, Kate und William …

se von Serap in Deutschland. Da kann jeder machen, was er will. Und was machen sie? Die Mädchen schlafen schon als 16-Jährige mit Jungs! So wie es ihre Mütter auch schon getan haben. Irgendwann gründen sie eine Familie. Aber die wird zerbrechen. Sieh es dir doch an in Seraps Klasse: Die Hälfte der Kinder kommt aus kaputten Familien! Soll das gut sein?«

Ein Geschäft

Fabian wird es nicht unbedingt bewusst sein, aber auch in seiner Familie hat es arrangierte Ehen gegeben. Die liegen zwar in der Vergangenheit, doch wenn Fabian Ahnenforschung betreiben würde, könnte er vielleicht auf die Geschichte seiner Ururururgroßmutter Katharina stoßen. Die war Bauerntochter in einem Dorf, rund 20 Kilometer von der Stadt entfernt, in der Fabian heute wohnt. Die junge Katharina fand unter den Bauernsöhnen in ihrem Dorf keinen, der ihr besonders gut gefiel. Doch sie hat sich als 16- oder 17-Jährige nicht überlegt, ob sie sich mangels hübscher Jungbauern in der nächstgelegenen Stadt nach einem ansehnlichen Sohn eines Schreiners oder eines Schmieds umschauen soll. Das Dorfmädchen hat auch nicht darüber nachgedacht, ob vielleicht ein Student der Rechtswissenschaften etwas für sie wäre. Oder gar einer der Söhne des Barons, der einige Kilometer weiter in einem Schlösschen wohnte. Und ganz bestimmt hat Katharina vor 200 Jahren nicht darüber nachgedacht, ob eine der Töchter des Barons richtig für sie wäre.

Dass zum Lebensplan ein Mann und eine Familie gehören, das war selbstverständlich für ein solches Mädchen. Ebenso klar war: Dieser Mann würde mit großer Wahrscheinlichkeit, ebenso wie sie, von einem Bauernhof kommen. Er würde, wenn das Mädchen katholisch war, katholisch sein. Wenn das Mädchen evangelisch war, würde ihr Mann evangelisch sein. So war es dann auch bei Katharina: Sie heiratete mit 20 einen Bauernsohn aus dem Nachbardorf.

Dabei hatte sie Glück. Es gab vier Söhne auf dem Hof, mit dessen Besitzer ihr Vater ausgemacht hatte, dass man die Kinder verheiraten könnte. Als das klar war, konnte Katharina ihren Eltern immerhin davon erzählen, dass der zweitälteste, Matthias, ihr am besten gefiel. Und dieser ließ sich auch darauf ein, Katharina als die Person zu akzeptieren, mit der er eine Familie gründen sollte. Katharinas Vater war ein sehr wohlhabender Bauer. Er konnte ihr eine ordentliche Mitgift mitgeben. Für Matthias war dadurch der Start in das Leben leichter, das für ihn vorgesehen war – als junger Mann, der sich an die Regeln hält. Der eine Familie gründet, seiner Frau und seinen Kindern etwas bietet. Und der irgendwann, wenn er stirbt, sagen kann: Ich bin den Weg gegangen, den die Tradition – oder auch Gott – für mich vorgesehen hat.

Einfach war das alles oft nicht. Seit Jahrtausenden haben die Menschen Gefühle, die mit dem, was für sie entschieden wird, nicht zusammenpassen. So ging es auch Katharina. Wenn sie ehrlich war, hatte sie kurz nach der Hochzeit starkes Herzklopfen bekommen, als sie auf einem Fest Josef sah, den jüngeren Bruder von Matthias. Sie traute sich den Gedanken gar nicht wirklich zu denken, aber sie hätte eigentlich gerne erst einmal ausprobiert, ob nicht vielleicht Josef der Richtige wäre. Oder vielleicht Martin. Oder Georg. Oder wie die jungen Männer im Dorf so hießen.

Katharina hatte das Gefühl, dass das alles furchtbar sündige Gedanken waren. Aber sie hätte gerne von mehr als nur einem Mann gewusst, ob sie mit ihm über Wichtiges reden könnte. Wie er roch. Wie er küsste. Wie es sich anfühlen würde, mit ihm zu schlafen. Doch solche Gedanken hat Katharina mit aller Macht unterdrückt. Denn so etwas zu denken, war ein grober Verstoß gegen die Regeln, an die sich ein züchtiges Mädchen zu halten hatte.

Irgendwann hatte Fabians Vorfahrin diese Ideen dann nicht mehr. Denn ihre Eltern hatten die Weichen dafür gestellt, dass sie Josefs älteren Bruder Matthias heiratete. Sie hat sich damit abgefunden. Ihr wurde ja nicht dauernd im Fernsehen, auf YouTube, in Liedern erzählt, dass ein Hauptzweck des Lebens darin bestünde, den Richtigen zu finden. Niemand sagte zu Katharinas Zeiten, dass das wirklich große Glück im Leben davon abhing, in der Liebe glücklich zu sein. Katharina bekam vielmehr gesagt, dass nicht sie zu entscheiden habe, wer und was richtig für sie sei. Das taten andere.

Freiheit für die Liebe

Die Art, in der ein Mädchen wie Katharina lebte, und die Art, wie ihre Familie ihr Vorschriften machte, sind heute in Deutschland Vergangenheit. Im 18. und 19. Jahrhundert lockerten sich in Europa und Amerika die Regeln, wer mit wem ein Paar werden konnte. Der Arbeiter tat sich mit einer Handwerkertochter zusammen. Die Bauerntochter heiratete einen Lehrer. Der evangelische Mann machte dem katholischen Mädchen einen Heiratsantrag. Und im 19. Jahrhundert bröckelte auch die Vorschrift der Kirchen, dass nur der Tod eine Ehe beenden konnte. Als der Staat sich das Recht nahm, Ehen zu schließen, wurde es für Ehepaare, die sich trennen wollten, leichter, eine staatlich geschlossene Ehe wieder scheiden zu lassen.

Damit taten sich aber Fragen auf, die sich vorher nicht so sehr gestellt hatten: »Wie finde ich den Menschen, den ich wirklich lieben kann? Was ist es, das uns verbindet, wenn wir uns gefunden haben?« Als sich die Vorstellung von der »romantischen Liebe« immer weiter verbreitete, begannen auch Schriftsteller, Dichter, Philosophen, sich intensiver als in früheren Zeiten den Kopf über die Frage zu zerbrechen: »Was ist denn Liebe?«

Die Idee, dass es jemanden geben könnte, nach dem man sich verzehrt, auch wenn die Gesellschaft oder die Eltern etwas anderes für einen vorgesehen hatten, war dabei nicht völlig neu. William Shakespeare veröffentlichte im Jahr 1597 das Theaterstück »Romeo und Julia« und setzte damit einen Maßstab, was die Worte »große Liebe« künftig zu bedeuten hatten. Und schon viele Jahrhunderte zuvor hatten die alten Griechen überaus romantische Liebesgeschichten erzählt, von Pyramus und Thisbe oder von Daphnis und Chloe.

Und auch diejenigen, die solche Liebesromanzen vor Jahrtausenden als Erste erzählten, haben sich nicht völlig frei etwas ausgedacht, worauf ihre Zuhörer nie gekommen wären. Die Idee, dass es eine große Liebe geben könnte, und die Sehnsucht danach, sie zu finden, steckt offenbar schon seit sehr langer Zeit in Männern und Frauen, in Mädchen und Jungen.

Das, was die Menschen heute »Liebe« nennen, ist also nicht ausschließlich eine Übereinkunft, die man auch ganz anders treffen könnte. Es gibt über die Erde verteilt in den verschiedenen Sprachen zwar Hunderte oder gar Tausende verschiedene Wörter für die Liebe. Doch das, was damit verbunden wird, hat große Ähnlichkeiten. Lieben wollen und geliebt werden wollen ist in den Menschen fest verankert.

Doch eines ist sicher: Wenn wir nicht dauernd von anderen Menschen Vorschläge gemacht bekämen, wie man das lebt, was man unter »Liebe« versteht, dann kämen wir auf vieles nicht von alleine. Die meisten Verliebten würden einander wohl keine Ringe schenken, wenn nicht andere Menschen schon vor vielen Tausend Jahren damit angefangen hätten. Verliebte würden nicht Vorhängeschlösser an Brückengeländer hängen, wenn sie nicht gehört hätten, dass das eine nette Idee ist.

Die Sehnsucht nach romantischer Liebe ist schon Tausende von Jahren alt.

Freiheit ist nicht immer einfach

Vieles, was zur romantischen Liebe gehört, ist also eine gesellschaftliche Übereinkunft. Oder es ist eine Abmachung zwischen den zwei Menschen, die sich zu einem Paar zusammenfinden. Wenn Fabian Serap ein Jahr nach Alexanders Party zum Essen einlädt, um ihren ersten Jahrestag zu feiern, dann tut er das, weil er es schön findet. Aber er tut es auch, weil er weiß, dass das der allgemeinen Vorstellung entspricht, was romantisch ist. Für Serap wiederum kommt es überhaupt nicht infrage zu überlegen, ob sie an jenem Abend Zeit hat. So wie sie es vielleicht täte, wenn eine Freundin sie fragt, ob sie mit ins Kino geht. Auf viele andere Fragen ist es allerdings nicht so leicht, sofort eine Antwort zu wissen.

Wenn Fabian Serap Blumen und kleine Schmuckstücke schenkt, fragt sie sich immer mal wieder, ob er von ihr auf irgendeine Weise Gegengeschenke erwartet. Das hat sie ja von klein auf gelernt: Wer schenkt, bekommt etwas zurückgeschenkt. Zum Kindergeburtstag gehören Mitgebsel für die Gäste inzwischen fast genauso selbstverständlich dazu wie Geschenke für das Geburtstagskind. Stellt sich die Frage: Was erwartet der verliebte Junge vom geliebten Mädchen? Ist es die Aufgabe des Mädchens, seine Erwartungen zu erfüllen? Ist es die Aufgabe des jungen Mannes, die Erwartungen des Mädchens zu erfüllen? Oder geht es in der Liebe nicht vielleicht um etwas ganz anderes?

Fabian und Serap immerhin haben, seitdem sie ein Paar sind, ein Ritual, das nicht viele Liebende haben. Wenn sie ihm zeigen möchte, wie gern sie ihn hat, tritt sie ihm auf den rechten Fuß. Denn genau in dem Moment, als sie sich zum ersten Mal küssten, stellte sie sich aus Versehen auf Fabians großen Zeh. Die Erinnerung an den Kuss blieb von da an mit diesem kleinen Unfall verknüpft. Und umgekehrt.

DÛ BIST MÎN, ICH BIN DÎN

(ANONYMER AUTOR, ENDE 12. JAHRHUNDERT)

dû bist mîn, ich bin dîn,
des solt dû gewis sîn.
dû bist beslozzen
in mînem herzen,
verlorn ist das sluzzelîn:
dû muost ouch immer darinne sîn.

Heutige Übersetzung:

Du bist mein, ich bin dein,
dessen sollst du gewiss sein.
Du bist eingeschlossen
in meinem Herzen,
verloren ist das Schlüsselein:
Du musst immer darinnen sein.

LIEB OHNE WORTE

(CHRISTIAN MORGENSTERN, 1871–1914)

Mich erfüllt Liebestoben zu dir!
Ich bin deinst,
als ob einst
wir vereinigst.

Sei du meinst!
Komm Liebchenstche zu mir! –
ich vergehste sonst
sehnsuchtgepeinigst.

Achst, achst, schwachst schwachst arms
Wortleinstche, was? –
Genug denn, auch du, auch du liebsest.
Fühls, fühls ganzst ohne Worte: sei Meinstlein!
Ich sehne dich sprachlosestest.

Was ist Liebe?

ANTWORT 5:
»DIE ENTSCHEIDUNG FÜR EINEN EINZIGEN MENSCHEN.«

Oder:
Warum es schwer
ist, mehrere
Menschen gleich-
zeitig zu lieben.

Von einer Mono-Braue hatte Serap schon mal gehört, und sie wusste auch, was sie sich darunter vorzustellen hatte. Zusammengewachsene Augenbrauen, klar. Sie wusste auch, was man dagegen unternehmen konnte: Pinzette nehmen und zupfen. Was aber steckte hinter dem Wort Monogamie?

Seit einigen Wochen ist für Serap klar: Sie und Fabian sind ein Paar. Sie fand ihn vorher schon ziemlich cool. Doch bei der Party an diesem Sommerabend hatten sie miteinander geredet wie nie zuvor. Er hatte ihr angeboten, sie nach Hause zu begleiten. Sie hatten einen Umweg durch einen Park gemacht. Er hatte ihr den Ring gegeben, den er für sie ausgesucht hatte. Sie hatten sich geküsst. Es war wunderbar, an den folgenden Tagen von Fabian ständig absolut süße Nachrichten zu bekommen. Sogar Blumen schenkte er ihr, und zwar nicht nur einmal.

Nach einigen Tagen aber fragt sie sich, was mit ihr los ist. Irgendwie liebt sie ja Fabian, klar. Aber jetzt hat sie Robin wiedergesehen, einen Freund ihres Bruders. Und wenn sie in Robins Nähe ist, schlägt ihr Herz fast schneller, als wenn sie Fabian sieht. Sie würde gerne herausfinden, ob es Robin genauso geht. Und sie erschrickt fast ein bisschen, als sie sich bei dem Gedanken ertappt, dass sie das eigentlich nicht nur bei Robin gerne herausfinden würde.

Denn da ist noch Sebastien. Den jungen Franzosen hat sie im Sommer kennengelernt, als er bei der Familie ihrer Freundin zum Sprachaustausch war. Und sie hatte sich definitiv in ihn verknallt. Das war schnell wieder vorbei, als er zurück nach Frankreich fuhr. Aber jetzt erhält sie eine Nachricht von ihm, dass er wieder in ihre Stadt kommt und er sich mit ihr treffen will. Serap fragt sich: Was ist das? Mein Herz schlägt bei drei verschiedenen Jungs schneller, wenn ich an sie denke? Und wie wäre es, wenn ich alle drei küsse? Vielleicht noch mehr mit ihnen mache? Was bin ich? Eine Schlampe? Und was hat es zu bedeuten, dass, wenn es ums Kuscheln und Händchenhalten geht, mir eigentlich ein Mädchen fast am liebsten ist, nämlich meine beste Freundin? Bin ich am Ende eine bisexuelle Schlampe?

Was sie zu diesem Zeitpunkt nicht weiß: Auch Fabian hat sich zwischendrin bei dem Gedanken ertappt, dass er nicht nur Serap fantastisch findet. Am vergangenen Wochenende ist er Marie begegnet, die er lange nicht gesehen hat. Er roch ihr Parfüm, sie berührte ihn kurz am Arm. Verdammt, da wäre er ihr gerne irgendwie nähergekommen.

Wie viele Menschen kann ich lieben? Wer über diese Frage nachdenkt, wird erst einmal über eine andere Frage nachdenken müssen: Wie viele Menschen soll ich lieben?

Ein Mann, eine Frau

Serap und Fabian sind ausgedachte Figuren. Man könnte sich für sie also auch irgendeine Antwort ausdenken, die einem gefällt, wenn es um die Frage geht: »Wie viele …?« In der Wirklichkeit allerdings ist die Antwort eindeutig und schnell gegeben: Wenn es darum geht, ein Liebespaar zu sein, soll sich genau eine Frau mit genau einem Mann zusammentun und umgekehrt. Das ist die gesellschaftliche Regel, die in den meisten Ländern der Welt gilt.

Und diese Regel ist nichts, was nur alte Leute vorbeten. Im Jahr 2014 wurde auf YouTube ein Video der Band »Revolverheld« eingestellt. Darin fragt David, der älteste Freund des »Revolverheld«-Sängers Johannes, vor laufenden Kameras und zu den Klängen von »Ich lass für dich das Licht an« seine Freundin Saskia, ob sie seine Frau werden will. Es ist klar: Diese Frage stellt er nur ihr. David wird nicht morgen eine andere fragen und nächste Woche noch eine Dritte. Und als Saskia die Frage mit »Ja« beantwortet, heißt das, dass sie auch nur bei ihm »Ja« sagt und nicht noch bei einem Zweiten, einem Dritten und gar einem Vierten.

Ein Junge liebt genau ein Mädchen. Ein Mann liebt genau eine Frau. So leben es nicht nur David und Saskia vor, sondern Hunderte Millionen andere Paare. Das ist die Norm, das ist die Regel. David kann nach dem Heiratsantrag zu den Live-Klängen von »Revolverheld« nur mit einer Frau zum Standesamt gehen, um sie zu heiraten. Er kann keine zweite, dritte oder vierte Ehe schließen. Vorher müsste seine Ehefrau Saskia sterben oder sie müssten sich scheiden lassen.

David könnte, nachdem er Saskia geheiratet hat, natürlich andere Frauen küssen oder gar mit ihnen schlafen. Die Zeiten, in denen Ehebruch unter Strafe stand, sind in europäischen Ländern wie Deutschland seit rund einem halben Jahrhundert vorbei. Dass sich Staatsanwälte und Richter nicht mehr fürs

Fremdgehen interessieren, dürfte David selbstverständlich finden. Aber wenn es denn mal geschehen sollte, könnte er trotzdem nicht anderen Leuten öffentlich davon erzählen, so wie er über seinen letzten Urlaub erzählt.

Das Gleiche gilt auch für Saskia. Sie könnte andere Männer küssen oder mit ihnen ins Bett gehen. Doch das hätte nicht nur vor hundert Jahren gegen die gesellschaftlichen Regeln verstoßen. Das wäre auch heute noch etwas, was nicht bekannt werden sollte. Wer öffentlich erklärt, dass er mit jemandem zusammen ist, der hat mit niemand anderem körperliche Intimität zu teilen. Das ist Untreue. Fremdgehen. Bescheißen. Cheaten. Herumvögeln. Das gilt nicht nur für Männer und Frauen, sondern auch für die gleichgeschlechtliche Liebe. Viele Schwule und Lesben erwarten ebenfalls ausdrücklich oder unausgesprochen Treue von ihrem Partner. Auch bei der Ehe gilt in Europa oder den USA die Regel: »Zwei Partner und nicht mehr« – egal, ob ein Mann und eine Frau heiraten oder ob es um gleichgeschlechtliche Ehen geht, die in vielen Ländern inzwischen möglich sind.

Warum gibt es die Norm der Treue?

Mit dem einen geliebten Partner zusammen zu sein, ihm treu sein – das gilt als überaus wichtige Norm. Stellt sich die Frage: Warum müssen die Menschen so eine gesellschaftliche Regel überhaupt aufstellen? Sind Menschen nicht ganz von selbst treu? Ist es nicht so, dass Saskia überhaupt keine Lust hat, einen anderen als David zu küssen? Und dass sie erst recht keine Lust hat, mit einem anderen zu schlafen? Und ist es nicht umgekehrt so, dass auch David nur Augen für Saskia hat?

Es ist ziemlich wahrscheinlich, dass die beiden genau das kurz nach dem öffentlichen Heiratsantrag so geantwortet hätten. Wobei man schon nicht weiß, ob zu diesem Zeitpunkt die Antwort zu hundert Prozent ehrlich gewesen wäre. Vielleicht hat ja Saskia eigentlich auch den einen oder anderen Musiker von »Revolverheld« ziemlich toll gefunden, als die Band den Soundtrack zum Heiratsantrag lieferte. Vielleicht fand David die weibliche Bedienung in einem Club, in den er in den nächsten Wochen möglicherweise mit Saskia gegangen ist, ziemlich sexy. Man weiß es nicht. Aber man kann die Frage ja auch allgemeiner stellen: Ist der Mensch ein treues Wesen?

Von Präriewühlmäusen und Menschen

Biologen teilen die Tierwelt in Arten ein, bei denen stets ein Männchen mit einem Weibchen zusammen ist, und in Arten, bei denen diese Regel nicht gilt. Etliche Vogelarten wie etwa die Schwäne gelten als sehr treu. Sie sind Musterbeispiele für das, was der Fachbegriff »Monogamie« meint. Dass ein Männchen und ein Weibchen sich für ihr gesamtes Leben ganz und ausschließlich zusammentun, ist in der Tierwelt allerdings eher die Ausnahme. Selbst bei vielen Tierarten, die lange Zeit als monogam galten, wie etwa die Gibbon-Affen, haben neuere Forschungen gezeigt: So genau nehmen auch die es nicht mit der Treue.

Bei der Frage: »Wenn man den Menschen von seiner tierischen Seite her betrachtet, ist er dann von Natur aus monogam?«, geben Biologen die Antwort: »Eher nicht. Oder zumindest nicht allzu streng.« Es gibt Berichte über wirklich monogame Tierarten, bei denen am Beginn einer Partnerschaft sozusagen ein chemischer Schalter im Gehirn umgelegt wird. Dieser Schalter sorgt dafür, dass das neue Paar für immer zusammenbleiben will. Die Präriewühlmaus aus Nordamerika gilt als ein Beispiel für solche Tiere. Der Mensch hingegen gehört ganz offensichtlich nicht zu den Lebewesen,

denen ihre Gehirnchemie diktiert: Die erste große Liebe bleibt auch die letzte.

Um das zu erkennen, muss man sich nicht lange umsehen. Wenn es nicht durch gesellschaftliche oder religiöse Regeln erzwungen wird, bleibt nur ein geringer Teil der Paare, die sich mit 16, 18 oder 19 Jahren gefunden haben, ein Leben lang zusammen – ohne jedes Fremdgehen. Es gibt solche Paare, aber sie sind inzwischen eher eine Seltenheit. Selbst diejenigen, die heute als 70- oder 75-Jährige auf eine halbe Ewigkeit als Paar zurückblicken, hatten vorher oder nebenher meist noch jemand anderen.

Und es gibt eine Zahl, auf die man Leute wie David und Saskia lieber nicht hinweisen sollte, wenn sie mit Glückstränen in den Augen »Ja« zur Ehe sagen. Von hundert Paaren, die zusammen aufs Standesamt gehen, um zu heiraten, brauchen mehr als dreißig Paare einige Jahre später wieder eine Behörde. Dann allerdings, um sich scheiden zu lassen. Von drei Ehen in Deutschland geht im Schnitt eine kaputt.

Nicht Präriewühlmaus, nicht Bonobo

Von Natur aus ist der Mensch also nicht monogam. Wobei man vorsichtig damit sein sollte, etwas darüber zu sagen, wie »der Mensch« denn ist. Es gibt Jungs und Männer, für die das zutrifft, was der Schriftsteller Lion Feuchtwanger eine seiner Romanfiguren denken lässt: »Jeder gesunde, im Saft stehende Mann möchte mit jeder halbwegs hübschen Frau schlafen.« Es gibt aber durchaus auch Jungs und Männer, die da anders gestrickt sind und nicht beim Anblick jeder »halbwegs hübschen Frau« sofort an Sex denken.

Es gibt auf der anderen Seite auch Mädchen und junge Frauen, die zeitweise überhaupt nicht wissen, wo sie hinsollen mit ihren

Gefühlen. Sie lassen sich möglicherweise von ihrer Sehnsucht in dieser Woche in die Arme von diesem und in der nächsten Woche in die Arme von jenem treiben. Es gibt aber auch Mädchen und junge Frauen, die da gelassener sind. Oder einfach zurückhaltender.

Wo also steht der Mensch, wenn man ihn nach der Frage »monogam« oder »nicht monogam« in die Tierwelt einordnen wollte? Unterm Strich kann man sagen: Im Schnitt sind die Menschen von Natur aus nicht so sehr auf ständige Partnerwechsel ausgerichtet wie etwa die Bonobo-Affen. Über diese Verwandten der Schimpansen hat der niederländische Forscher Frans de Waal die Bemerkung geprägt, bei ihnen sei schneller und unverbindlicher Sex so selbstverständlich, wie es bei Menschen selbstverständlich ist, sich zur Begrüßung die Hand zu geben. Man muss kein Wissenschaftler sein, um zu erkennen: Wie Bonobos sind Menschen schon einmal nicht. Egal, ob man 18-Jährige, 28-Jährige oder 48-Jährige fragt: Man würde stets die Antwort bekommen, dass Sex etwas ziemlich anderes ist als Händeschütteln. Aber wie die Präriewühlmäuse – also so gut wie immer treu – sind Menschen eben auch nicht.

Trotzdem geben sich die meisten menschlichen Gesellschaften seit Tausenden von Jahren eine Regel, die heißt: Der Mensch sollte monogam leben. Der Mensch sollte sich also verhalten wie die Präriewühlmaus. Er sollte es unterdrücken, wenn sich ab und zu doch der Bonobo in ihm regt und er Lust hätte, jemandem körperlich nahezukommen, mit dem er nicht in einer festen Partnerschaft lebt.

Warum gibt es Monogamie?

Doch warum gibt es diese »Für-die-Wühlmaus/Gegen-den-Bonobo«-Regel? Warum leben die Menschen es nicht einfach aus, dass sie nicht wirklich monogam sind? Kein Mensch

zieht freiwillig Schuhe an, die ihm nicht passen. Warum geben sich Menschen dann in der Liebe Regeln, die oft zu eng sind?

Wissenschaftler aus der Gruppe der Evolutionspsychologen haben hier eine einfache Erklärung: Menschenkinder großzuziehen, ist eine ziemlich aufwendige Sache. Damit das klappt, sollten beide Eltern zusammenarbeiten. Ein Vater will aber den Aufwand, den er in die Kinderaufzucht steckt, üblicherweise nicht für ein Kind betreiben, das gar nicht seine Erbinformation in sich trägt, erklären die Forscher. Deswegen muss der Mann aufpassen, dass seine Frau mit keinem anderen schläft. So lasse sich erklären, warum Männer Treue einfordern und eifersüchtig sind. Frauen haben gleichzeitig stets Sorge, dass der Mann sie mit den Kindern allein lässt. Deswegen arbeiten auch Frauen fleißig daran mit, dass Fremdgehen oder gar Abhauen als Verstoß gegen eine wichtige Norm gesehen wird.

Diese Sichtweise sieht den Menschen als einen besonders weit entwickelten Affen, für den das Leben nur einen Sinn hat: seine Gene möglichst effektiv weiterzugeben. Wer der Ansicht ist, dass die Antwort auf die Frage nach dem Sinn des Lebens irgendwie anders lauten muss, der wird mit solchen Erklärungen nicht zufrieden sein.

Das Privateigentum ist schuld? Oder die Bakterien?

Es gibt noch andere wissenschaftliche Antworten auf die Frage: »Warum gibt es die Norm der Monogamie, wenn der Mensch von Natur aus nicht monogam ist?« Von Wirtschaftswissenschaftlern kommt dazu folgende Antwort: Irgendwann haben Männer erklärt: »Dieses Stück Land ist mein Land. Diesen meinen Besitz will ich an meine Kinder vererben. Damit ich sicher sein kann, dass es wirklich meine Kinder sind, die mein Erbe bekommen, darf meine Frau mit keinem anderen Mann schlafen.« So wie die Evolutionspsychologen sagen, die Monogamie sei dazu da, die Weitergabe von Genen abzusichern, sagen viele Wirtschaftshistoriker, die Monogamie habe den Zweck, die Weitergabe von Eigentum sicherzustellen.

Es gibt noch andere streng logische Erklärungen, warum Menschen sich darauf geeinigt haben, dass es besser ist, wenn doch nicht »jeder gesunde, im Saft stehende Mann mit jeder halbwegs hübschen Frau« schläft, wie es der Schriftsteller Lion Feuchtwanger formulierte. Krankheiten, die vor allem beim Sex oder auch nur beim Küssen übertragen werden, breiten sich schneller aus, wenn alle das tun, worauf sie gerade Lust haben. Wenn sich hingegen Männer und Frauen immer nur auf einen Partner konzentrieren, dann haben es Bakterien oder Viren schwerer, sich zu verbreiten. Das wäre eine weitere logische Erklärung für die Norm der Monogamie.

Oder wollen wir doch einfach treu sein?

Kommen wir noch einmal zurück zu David, dessen Heiratsantrag an seine Saskia zu den Klängen von »Revolverheld«-Musik viele Millionen Mal geklickt wurde. Wenn Saskia nach dem Heiratsantrag oder auch nach der Hochzeit mit einem anderen ins Kino geht, wird David sicher nichts dagegen haben. Wenn Saskia im Kino mit einem anderen knutschen würde, dann gefiele das David aber wohl nicht. Und wenn er erführe, dass das hübsche blonde Mädchen mit einem anderen schläft, würde sich das für David wohl endgültig wie ein gut platzierter Schwinger in die Magengrube anfühlen.

Saskia wird es andersherum genauso gehen. Wenn sie ein paar Tage oder auch ein paar Monate nach dem superromantischen Heiratsantrag sähe, wie David eine andere küsst, dann würde ihr schwindelig werden. Wenn sie mitbekäme, dass er mit einer anderen schläft, wäre das für sie wie ein Schlag in den Bauch.

»Du bist mein Mädchen«, sagt David in dem Kurzfilm. Darin schwingt auch der Gedanke mit: »Es täte mir weh, wenn ich sähe, dass du auch das Mädchen eines anderen bist, und sei es nur für einen Abend.« Sagt und denkt David das wirklich, weil er will, dass Kinder, die Saskia vielleicht einmal zur Welt bringt, seine Gene weitergeben und nicht die eines anderen Mannes? Sagt er das, um die Verbreitung von Geschlechtskrankheiten einzudämmen? Oder sagt er es, weil er möchte, dass sein Erbe nur an Kinder geht, die garantiert seine eigenen sind und nicht vielleicht die eines anderen Erzeugers?

Geht es beim Wunsch, der Einzige oder die Einzige für den anderen zu sein, nicht doch um etwas ganz anderes? Man kann auf das Thema »Treue« und »Monogamie« auch folgenden Blick haben: Wenn zwei Menschen sich als Paar zusammentun, dann suchen sie eine ganz besondere Nähe zueinander. Eine Nähe, die es einfach ausschließt, dass es noch andere gibt, denen man genauso nah ist. Diese Nähe gibt Sicherheit. Und Sicherheit ist ein enorm großes Bedürfnis der meisten Menschen.

Wenn dieses Bedürfnis einigermaßen erfüllt wird, kann das ausgesprochen guttun. Untersuchungen über Gesundheit und Lebenserwartung zeigen: Wer lange in einer gefestigten Zweierbeziehung lebt, ist möglicherweise nicht nur immer wieder ziemlich glücklich. Er (oder sie) ist auch weniger anfällig für Krankheiten und lebt länger. Es mag schwierig sein, 20 Jahre, 50 Jahre oder gar 60 Jahre zusammenzubleiben. Und es dürfte kein einziges Paar auf der Welt geben, das sich nicht nach einer gewissen Zeit mal fürchterlich streitet. Oder immer mal wieder streitet. Doch wer offiziell ein Paar ist, möglicherweise mit Ehering und Eheurkunde, der geht nicht wegen eines Streits wieder auseinander.

Eine Erklärung, warum sich Menschen die Norm der Monogamie gegeben haben, obwohl sie von Natur aus nicht völlig monogam sind, könnte lauten: Die Monogamie als Norm macht einiges im Leben einfacher. Und sie entspricht dem Gefühl der Eifersucht, das die meisten Menschen beim besten Willen nicht unterdrücken können.

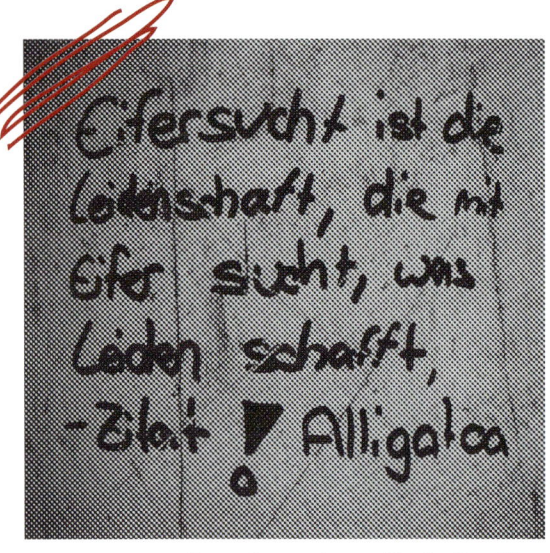

Spruch an einem Park-Pavillon
in Bad Mergentheim

Warum nicht polyamor?

Zu einer Liebe gehören zwei Leute. Das ist also die Norm. Eine vielleicht gar nicht so dumme Norm. Allerdings machen viele Männer und Frauen, Jungs und Mädchen die Erfahrung: Sie selbst wollen, dass der Mensch, den sie lieben, nur Augen für sie hat, doch ihre eigenen Augen wandern immer noch herum. Stellen wir uns noch einmal Serap und Fabian vor. Sie möchte nicht, dass er eine andere küsst. Wenn sich aber etwas mit Sebastien ergäbe, könnte sie sich das für sich selbst als wunderschön vorstellen. Und sie sagt sich vielleicht: »Ich nehme Fabian ja nichts weg, wenn ich in seiner Abwesenheit etwas Schönes mit Sebastien erlebe.«

Vielleicht liest und hört sie auch etwas über »Polyamorie«. Wenn sie sich darüber informiert, erfährt sie, dass es in einer ganzen Reihe von Ländern Leute gibt, die eine Antwort auf die Frage suchen: »Kann ich nicht doch mehrere Menschen gleichzeitig lieben, ohne dass ich mit Lügen und Geheimnistuerei anfangen muss? Muss ich wirklich vor dem Gefühl der Eifersucht kapitulieren?« Ein ähnlicher Gedanke steht hinter dem Wortpaar »offene Beziehung«. Das lässt sich auch bei Facebook als Beziehungsstatus angeben.

Es mag Leute geben, die es schaffen, so zu leben, ohne unter dem Schmerz zu leiden, den Eifersucht bei den meisten Menschen auslöst. Eines ist dabei sicher: Einfach ist das nicht. Wenn Fabian und Serap beschließen, sie möchten polyamor sein, sollten sie sich auf einiges gefasst machen. Damit es klappt, müssen sie eine Menge Kraft und Energie investieren. Eifersucht kriecht ganz von selbst in den Kopf, ins Herz, in den Bauch. Eifersucht zu bezwingen, gelingt dagegen sicher nicht von alleine.

Und wer sagt, »Ich lebe polyamor«, wird aus seiner Umgebung noch mehr verwun-

Liebe zu mehreren - geht das?

Und was ist mit der Polygamie?

Ein Mann und eine Frau, also Monogamie – das ist in der modernen westlichen Welt die übliche gesellschaftliche Norm. Es gibt anderswo aber durchaus andere Normen. Der Islam erlaubt es Männern, bis zu vier Frauen zu heiraten. In einigen streng muslimischen Ländern wie Saudi-Arabien gehört »Polygamie« tatsächlich zum Alltag. Dort haben viele Männer mehrere Frauen. Allerdings gibt es auch muslimische Länder, die sich andere Regeln geben. Die Türkei als stark vom Islam geprägtes Land erlaubt es Männern nicht, mehrere Ehefrauen zu heiraten.

Nicht nur im arabischen Raum, sondern auch in einer ganzen Reihe asiatischer und afrikanischer Staaten, in denen der Islam keine große Rolle spielt, gibt es eine Tradition der Polygamie. So können in Südafrika Männer unter bestimmten Umständen mehrere Frauen heiraten. Jacob Zuma, der im Jahr 2009 zum Präsidenten Südafrikas gewählt wurde, machte von dieser Möglichkeit umfangreich Gebrauch. Als er im April 2012 heiratete, steigerte er die Zahl der Präsidenten-Ehefrauen auf vier. Es war Zumas sechste Hochzeit, zwei seiner früheren Ehefrauen waren gestorben.

Wenn man sich die Polygamie ansieht, stellt man aber schnell fest: Sie ist eine Männersache. Es gibt zwar auch einige wenige Kulturen, in denen eine Frau offiziell mit mehreren Männern verheiratet sein kann. Üblicherweise sind es in polygamen Kulturen aber die Männer, die sich mit mehreren Frauen umgeben dürfen. Diese Frauen müssen dagegen ihrem einen Ehemann streng treu sein. Es mag sein, dass ein Mann in Saudi-Arabien drei oder vier Frauen hat und mit allen regelmäßig schläft. Doch Frauen in Saudi-Arabien sollten besser nicht auf die Idee kommen,

derte und zweifelnde Kommentare hören als jemand, der sagt: »Ich gehe fremd, halte es aber geheim.« Es schadet in Ländern wie Deutschland, Frankreich oder USA niemandem allzu sehr in der öffentlichen Meinung, wenn er in seinem Leben drei, vier, fünf oder sechs Partner nacheinander hat. Ganz offiziell drei, vier oder noch mehr Partner zur gleichen Zeit zu haben, gilt in diesen Kulturen hingegen als durchgeknallt. Wenn Serap sagen würde, sie lebe polyamor, hätte ihr Onkel Hassan in der Türkei sicherlich nur ein Wort für seine Nichte: Hure.

Serap müsste gar nicht bis in die Türkei gehen, um zu merken, dass Männer und Frauen beim Thema Liebe mit zweierlei Maß gemessen werden. Schon seit Ewigkeiten und auch heute noch gilt es als weit akzeptabler, wenn ein Mann mit mehr als einer Frau schläft, als wenn eine Frau mit mehr als einem Mann ins Bett geht. Ein Mann, der sagt, er habe mit einem Dutzend Frauen geschlafen, ist vielleicht ein »Womanizer«, ein »Don Juan«, ein »Frauenheld«. Selbst wenn man ihn etwas moderner einen »Fuckboy« nennt, klingt das doch nicht wie das Wort, das schnell mal über eine Frau gesagt wird, die mit einem Dutzend Männer geschlafen hat: »Schlampe«. Oder auch über ein Mädchen, das mit mehr als drei oder vier Jungs geknutscht oder geschlafen hat.

dass auch sie das Recht hätten, sich für mehrere Männer zu interessieren. Oder gar mit mehreren zu schlafen.

Oder ganz ohne Bindungen?

Nicht nur eine Frau, sondern mehrere – es gibt nicht wenige Männer, die diesen Gedanken verlockend finden. In Ländern, in denen Polygamie offiziell erlaubt ist, gehen Männer, die mehrere Frauen heiraten, ihnen gegenüber immerhin gewisse Verpflichtungen ein. Man kann das Ganze aber auch noch anders denken. Nicht von Polyamorie oder Polygamie, sondern von Promiskuität ist die Rede, wenn es bei der körperlichen Liebe keinerlei Treuenormen mehr gibt.

Der Italiener Giacomo Casanova steht seit mehr als 200 Jahren mit seinem Namen für das freie Ausleben körperlichen Begehrens. In seinen Lebenserinnerungen schreibt er von 116 Frauen, die sich ihm hingegeben hätten. Es gibt Vermutungen, dass es noch weit mehr gewesen sein könnten. Dass man einem Mann noch einiges mehr zutrauen kann, zeigt sich in der Oper »Don Giovanni« von Wolfgang Amadeus Mozart. Dort wird aufgelistet, mit wie vielen Frauen die Hauptfigur wo etwas hatte: In Persien mit 90, in Frankreich mit 100, in Deutschland mit 230, in Italien mit 640, in Spanien mit 1003. Macht zusammen mehr als 2000. Nun ist Don Giovanni eine Fantasiefigur, die auch unter dem spanischen Namen »Don Juan« bekannt ist. Der durch die Rock-Gruppe »Kiss« bekannt gewordene Musiker Gene Simmons behauptet, ganz in der Wirklichkeit Sex mit 4600 Frauen gehabt zu haben. Und vom Schauspieler Charlie Sheen war die Behauptung zu hören, bei ihm seien es mehr als 5000 gewesen.

Der südafrikanische Politiker Jacob Zuma lebt offiziell polygam.

Nicht-Monogamie als Sport?

Es gibt auch außerhalb der Welt von Musik, Film und Glamour Männer, die den Ehrgeiz haben, an möglichst viele Frauen heranzukommen. Vor einigen Jahren kam aus den USA der Begriff der »Pick-up-Artists« nach Europa. Es finden sich im Internet auch eine ganze Reihe deutschsprachiger Internet-Foren dieser »Abschlepp-Künstler«. Sie selbst halten sich für überaus bewundernswert, wenn sie darüber fabulieren, wie sie diverse Psycho-Techniken auf raffinierte Weise einsetzen, um »Hot Babes«, abgekürzt »HB«, ins Bett zu bekommen.

»Pick-up-Artists« sortieren die »Hot Babes« auch gerne auf einer Attraktivitätsskala ein, von HB1 bis HB10. Noch grober ist die Bewertungs-Ideologie, die hinter Dating-Apps wie Tinder oder Lovoo steht. Da sorgt ein kurzer Blick aufs hochgeladene Foto für die Entscheidung »Hot« oder »Flop«. Wobei nicht auszuschließen ist, dass bei einem über Tinder arrangierten Date diese Worte geflüstert werden könnten: »Ich liebe dich.« Auch ein Pick-up-Artist könnte einem »Hot Babe« ins Ohr raunen, dass er sie liebt. Auch wenn er das HB ein paar Tage oder ein paar Wochen später komplett vergessen hat.

»Those three words«, wie es in diversen englischsprachigen Liedern formuliert wird, können also ganz Unterschiedliches heißen. Wenn ein Mensch, der eher in Richtung Bonobo geht, sie sagt, bedeuten sie etwas anderes, als wenn ein Mensch vom Typ Präriewühlmaus sie spricht. Wenn Serap zu Fabian sagt: »Ich liebe dich«, dann weiß sie – wenn sie ganz ehrlich ist – auch nicht genau, was diese Worte bedeuten. Aber sie hat das Gefühl, dass die Worte zu dem passen, was sie für Fabian empfindet. Auch wenn dieses Empfinden immer mal wieder ein großes Kuddelmuddel ist.

Giacomo Casanova, Gene Simmons, Charlie Sheen: Männer, die nichts von Treue halten

ERINNERUNG AN DIE MARIE A.

(BERTOLT BRECHT, 1898–1956)

1

An jenem Tag im blauen Mond September
Still unter einem jungen Pflaumenbaum
Da hielt ich sie, die stille bleiche Liebe
In meinem Arm wie einen holden Traum.
Und über uns im schönen Sommerhimmel
War eine Wolke, die ich lange sah
Sie war sehr weiß und ungeheuer oben
Und als ich aufsah, war sie nimmer da.

2

Seit jenem Tag sind viele, viele Monde
Geschwommen still hinunter und vorbei.
Die Pflaumenbäume sind wohl abgehauen
Und fragst du mich, was mit der Liebe sei?
So sag ich dir: Ich kann mich nicht erinnern.
Und doch, gewiss, ich weiß schon, was du meinst.
Doch ihr Gesicht, das weiß ich wirklich nimmer
Ich weiß nur mehr: Ich küsste es dereinst.

3

Und auch den Kuss, ich hätt' ihn längst vergessen
Wenn nicht die Wolke da gewesen wär
Die weiß ich noch und werd ich immer wissen
Sie war sehr weiß und kam von oben her.
Die Pflaumenbäume blühn vielleicht noch immer
Und jene Frau hat jetzt vielleicht das siebte Kind
Doch jene Wolke blühte nur Minuten
Und als ich aufsah, schwand sie schon im Wind.

Was ist Liebe?

66

ANTWORT 6:
»WENN ES PASST.«

Oder:
Gibt es »den
Richtigen«,
»die Richtige«?

Mimi platzt schier der Kopf. Wie soll man das aushalten? Man ist 16 Jahre alt. Man ist zum ersten Mal nicht nur verliebt, sondern wird von dem Geliebten auch erhört. Die Liebe, die man auf diesen anderen Menschen wie einen Energiestrahl richtet, verpufft nicht einfach irgendwie, sondern wird wie ein gebündelter Laserstrahl zurückgeworfen: Poff! Die Folge ist das volle Programm: Im Blut werfen die Endorphine Blasen. Im Bauch flattern die Schmetterlinge so heftig, dass es fast zu viel ist. Es ist völlig klar: Mit diesem Menschen, der mich vor Glück schier zum Explodieren bringt, will ich tausend Stunden am Tag zusammen sein, tausend Jahre lang. Mindestens.

Und dann, in einem unvorsichtigen Moment, tritt die 16-Jährige gedanklich einen Schritt neben sich und fragt sich: Kenne ich eigentlich einen Erwachsenen, der noch mit der großen Liebe aus dem 16. Lebensjahr zusammen ist? Hmm. Grübel, grübel. Nachfragen bei Mama ergeben: Die hat mit 14 ihre ersten Küsse ausgetauscht. Florian hieß der Glückliche.

Mit dem ging das in etwa einen Sommer lang. Eis essen, Händchen halten, eben auch mal knutschen. Aber länger als diesen einen Sommer ging es eben nicht. Dann waren da noch ein oder zwei andere, mit denen es ähnlich war. Mit 17 war sie schließlich richtig verliebt, erzählt Mama. Ben war der Erste, mit dem sie geschlafen hat. Drei Jahre waren sie zusammen. Das ging dann aber auseinander. Warum, kann Mama gar nicht recht erklären. Ben war halt irgendwie doch nicht der Richtige.

An der Uni gab es dann Gregor. Und Otto (der hieß wirklich so …). Und (oh Gott, wie peinlich!!) diesen Typen, neben dem sie nach einer Party morgens aufgewacht ist – wie hieß der noch mal? Markus? Michael? Matthias? Irgendwas mit »M« … Mama hat ihn jedenfalls nie wiedergesehen. Tja, und dann kam der Mann, den Mamas 16-jährige Tochter heute Papa nennt. Der hat sich als die Liebe des Lebens herausgestellt. Bis jetzt zumindest.

Was macht die 16-Jährige, die sich eine solche Aufzählung von ihrer Mutter anhört, mit dieser gar nicht so kurzen Liste verschiedener Namen? (Voraussetzung ist natürlich, dass Mama halbwegs ehrlich ist.) Solche Aufzählungen könnte man ähnlich von vielen Müttern in Deutschland, Österreich oder auch Großbritannien, Frankreich oder den USA hören – aus ihnen scheint vor allem eines klar zu werden: Die erste große Liebe ist üblicherweise nicht die letzte. Was einem mit 16 für die Ewigkeit gemacht scheint, hat in Wirklichkeit ein eingebautes Verfallsdatum. So wie manche Computerprogramme vorsehen, dass ein Passwort nach einer gewissen Zeit verfällt und man ein neues braucht, sieht auch das Leben vor, dass die Liebe irgendwann verfällt und man eine neue braucht? Ist das so?

Auf der Suche nach dem, der uns ganz macht

Oder ist es doch eher, wie es sich der Philosophie-Bestsellerautor Richard David Precht als Jugendlicher vorstellte? Er beschreibt, wie er sich als Schüler gemeinsam mit einem Freund überlegte, dass es genau jeweils eine einzige Richtige für sie geben müsste. Nur eines wussten sie nicht, schreibt Precht: »Wo war sie? Lebte sie in Uruguay, in der Ukraine oder in Usbekistan? Würden wir ihr überhaupt begegnen?« Wobei der Philosoph nicht ausdrücklich dazu schreibt, ob und wann er »sie« gefunden hat. Und ob es in Uruguay oder eher in Usbekistan war. Oder vielleicht doch in der Uckermark.

Precht ist nicht der Erste, der auf eine solche Idee gekommen ist. Auf den griechischen Philosophen Platon geht der Mythos von den »Kugelmenschen« zurück. Vor mehr als 2000 Jahren erzählte Platon folgende Geschichte: Ursprünglich waren die Menschen Wesen mit vier Armen, vier Beinen, einem Kopf, aber zwei Gesichtern. Eines Tages beschlossen diese Kugelmenschen, die Götter anzugreifen. Die reagierten auf den Angriff, indem sie die Menschen in zwei Teile trennten, um sie zu schwächen. Seitdem suchen die Menschen die andere Hälfte, mit der sie früher einmal unbeschreiblich eng verbunden waren, so heißt es in dem Mythos.

Der Gedanke, dass es genau einen Richtigen oder eine Richtige gibt, ist verlockend. Denn wenn man den oder die gefunden hat, ist ja alles perfekt. Man muss nicht mehr suchen, sich nicht mehr sehnen. Bleibt die Frage: Wer ist der Richtige? Wer ist die Richtige? Und wie findet man den oder die? Seit einigen Jahrzehnten sagen Forscher, darauf könne man Antworten finden, wenn man möglichst viele Paare befragt, und zwar idealerweise solche, die schon lange zusammen sind. Daneben sollte man Paare befragen, bei denen es nicht geklappt hat. Wenn man Zigtausende solcher Antworten auswertet, kann man – ganz nüchtern, mit statistischen Rechenmethoden – Muster erkennen. Diese Muster sehen beispielsweise so aus: Der Altersabstand sollte nicht allzu groß sein. Und wenn, dann sollte eher der Mann älter sein. 40-jährige Frau mit 18-jährigem Mann, das geht in der Regel nicht gut. Sagt die Statistik. 25-jähriger Mann mit 22-jähriger Frau hingegen könnte gut gehen. Sogar 50-jähriger Mann mit 30-jähriger Frau geht immer wieder gut.

Das, was man »sozialen Status« nennt, sollte ebenfalls ähnlich sein. Professorin mit ungelerntem Bauarbeiter, das wird nichts. Sagt die Statistik. Und auch hier heißt es: Lieber sollte der Mann den höheren Status haben, gerne auch das höhere Einkommen. Chef heiratet Sekretärin, das hat es früher gar nicht selten gegeben und gibt es auch heute noch. Und es ist oft gut gegangen und geht auch heute noch gut. Das zeigen die Zahlenreihen über Scheidungen. Chefin heiratet Sekretär? Ist alleine schon deswegen schwer, weil es noch weniger männliche Sekretäre gibt als weibliche Chefinnen.

Nicht nur der soziale Status, ebenso die Attraktivität sollte ähnlich sein, wenn es mit dem Leben als Paar klappen soll. Auch hier sagen Statistiker, dass sie Daten liefern können, die Folgendes ergeben: Wer wirklich gut aussieht, tut sich meist mit jemandem zusammen, den man ebenfalls gerne anschaut. Wer vom Aussehen her eher so Mittelfeld ist, der findet in der Regel als Partner jemanden, der ebenfalls im Mittelfeld rangiert. Und die Hässlichen kriegen eben Hässliche. Und die Wissenschaftler ergänzen: Die Frau sollte eher kleiner sein als der Mann und möglichst nicht deutlich größer. 1,80-Frau mit einem Freund, der es gerade mal auf 1,65 bringt – das hat keine Zukunft.

Und die Statistik sagt, was mit etwas Nachdenken ziemlich auf der Hand liegt: Zu Paaren tun sich meist Menschen zusammen, die in der gleichen Umgebung leben. Kann schon sein, dass die Hamburgerin Hanna sich bei irgendeiner Gelegenheit in Winnie aus Wien verliebt, der gerade zu Besuch in Norddeutschland ist. Aber wenn sie wirklich ein Paar werden möchten, werden sie sich überlegen müssen, wie sie die räumliche Entfernung überbrücken.

Wenn nun die 16-jährige Mimi diese Checkliste durchgeht, wird sie feststellen, dass vieles von dem, was die Statistiker sagen, auf ihre besinnungslose Verliebtheit zutrifft. Jonas ist ein Jahr älter und acht Zentimeter größer als sie. Das, was die Statistik über Alters- und Größenabstand sagt, passt also. Er ist kein Gangster-Rapper, der die Schule geschmissen hat, sondern besucht ihr Gymnasium, eine Klasse über ihr. Das, was die Statistik über sozialen Status sagt, passt also auch. Jonas ist in ihren Augen zwar ziemlich schnuckelig, aber er gehört nicht zu den dreien, deren Namen so gut wie alle Mädchen sagen würden, wenn man sie fragt: »Wer ist angesagt?« Auch das ist nicht schlecht, denn

Trifft man an der Ampel den Richtigen oder die Richtige?

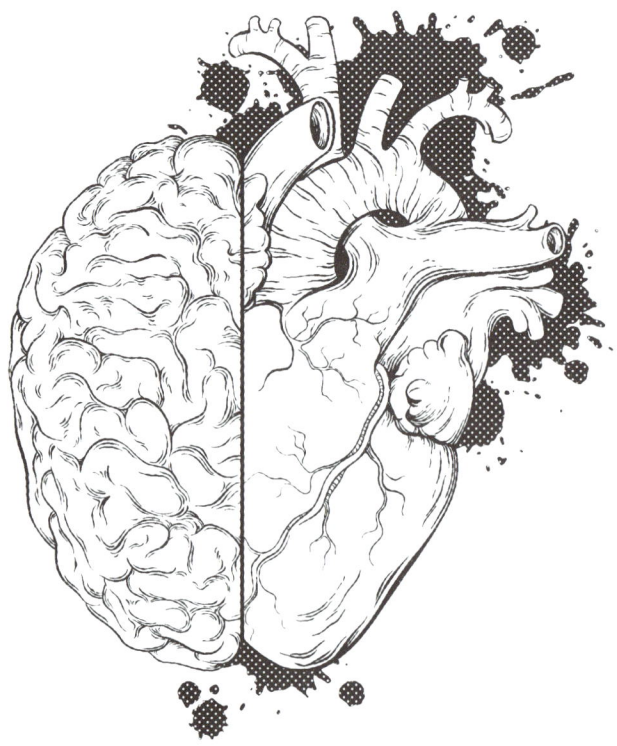

Mimi selbst gehört auch nicht zu den besonders angesagten Mädchen. Sie und Jonas sind, was die allgemeine Begehrtheit angeht, irgendwie »so mittel«. Und sie wohnen in der gleichen Stadt. Also passen sie zueinander.

Wirklich?

»Wir sind, statistisch gesehen, ein Match.« Das klingt nicht gerade romantisch. Eigentlich klingt es sogar ziemlich scheußlich. Vor allem klingt es so, als ob Mimi sich denken könnte: »Ein paar Zentimeter größer als ich, ein bisschen älter als ich, vom Status her gebildete Mittelschicht, von der Attraktivität her so Mittelfeld – von dieser Sorte gibt es nicht nur einen, sondern Dutzende, vielleicht sogar Hunderte in meiner Stadt. Warum soll also Jonas der Richtige sein? Ist das völlig beliebig, dass ich mich in ihn verliebt habe und nicht in

Julius oder Johannes? Sollte ich nicht erst mal noch ein paar andere Jungs durchprobieren, die – statistisch gesehen – auch zu mir passen könnten, bevor ich mich auf Jonas festlege?«

Wenn Mimi so denkt, dann hat sie das Wesen der Statistik ein bisschen falsch verstanden. Die Statistiken beschreiben ja nur rückblickend, wer sich mit wem zusammentut und wer mit wem zusammenbleibt. Die Tatsache, dass es zwischen Leuten, die in etwa gleich alt sind oder in etwa gleich wohlhabend sind, besonders oft funkt, ändert ja nichts daran, dass diese Leute tatsächlich Schmetterlinge im Bauch haben. Wenn Mimi ganz hibbelig wird, sobald sie an Jonas denkt, während ihr Julius und Johannes ziemlich egal sind, dann ist das ja die Wahrheit. Die Romantik, die sie mit ihm erlebt, ist Wirklichkeit. Dass die Statistik sagt, »Das war durchaus nicht unwahrscheinlich, dass ihr euch findet«, macht die Sache ja nicht unromantisch.

Was Partner-Portale über die Liebe verraten

Wenn man sich bei Online-Partnervermittlungen erkundigt, auf welcher Basis sie denn ihre Vorschläge ermitteln, kommt heraus: Die statistisch belegbaren Erfahrungswerte, wer mit wem zusammenbleibt, spielen durchaus eine Rolle. Der Beziehungscoach Eric Hegmann, der auch mit dem Partner-Portal Parship zusammenarbeitet, hält aber vor allem eines für wichtig: die Art, wie zwei Menschen ihre Konflikte austragen. Gute Online-Partnerbörsen würden durch geschickte Fragebögen herauskitzeln, wie jemand reagiert, wenn es Streit gibt. Mit Bildertests wird außerdem ergründet, was für eine Persönlichkeitsstruktur jemand hat. Und dann würden Charaktere zusammengebracht, die erfahrungsgemäß besonders gut zueinanderpassen, erklärt Hegmann.

Auf die Frage, ob es »den Richtigen« oder »die Richtige« gibt, antwortet er mit »Ja«. Daran hängt er aber schnell einen Nachsatz: »Für die Situation und die Lebenswirklichkeit in diesem Moment.« Sprich: Wenn Mimi das Gefühl hat, dass es mit Jonas passt, sollte sie sich nicht zwanghaft dauernd fragen, ob er denn wirklich die andere »Kugelmenschen-Hälfte« ist, die sie sozusagen wieder ganz macht. Wenn sie aber irgendwann das Gefühl hat, dass es mit Jonas wirklich nicht mehr klappt, kann sie getrost davon ausgehen, dass es da draußen in der weiten Welt durchaus einen zweiten »Mr Right« gibt. Und notfalls auch einen dritten oder vierten.

Was ihr dabei aber wohl nicht erspart bleiben wird: Sie wird herausfinden müssen, wer sie ist und was sie will. Sie wird bei dem Jungen, in den sie sich verliebt, herausfinden müssen, wer er ist. Und ob sie etwas Gemeinsames wollen.

72

WIE FASST MAN DIE LIEBE IN WORTE?

Wer im Deutschen von der Liebe redet, benutzt ein Wort, das sich sehr, sehr weit zurückverfolgen lässt. Im Althochdeutschen war vor gut 1000 Jahren von »liubī« die Rede, wenn es um dieses Gefühl ging. Noch weit vorher sprachen die Germanen von der »leuba«. Und vor 5000 oder 6000 Jahren war im Indoeuropäischen von »leubh« die Rede.

DIESE URALTE WURZEL FINDET SICH IN EINER GANZEN REIHE EUROPÄISCHER SPRACHEN:

Russisch: lyubov'
(auf Kyrillisch ge-
schrieben: любовь)

Kroatisch: ljubav

Slowenisch: ljubezen

Englisch: love

Holländisch: liefde

Wenn die **HOLLÄNDER** sagen, dass sie jemanden lieben, bauen sie einen eigenartigen Satz: **Ik hou van je** heißt, wenn man es wörtlich ins Deutsche überträgt, »Ich halte von dir«. Historiker erklären, die Wendung reiche ins Mittelalter zurück, als Grundbesitzer Eigentum an Untergebene verliehen. Die »hielten« diesen Besitz dann, besaßen ihn aber nicht. Die Liebe als eine Art Besitzverhältnis also …

Wenn **LUXEMBURGER** sagen, dass sie jemanden lieben, dann kann das für Deutschsprachige etwas schlapp klingen: **Ech hunn deck gär** klingt wie »Ich hab dich gern« – ist aber doch einiges mehr.

Wenn **KOREANER** erklären, dass sie jemanden lieben, sagen sie eigentlich: »Ich denke viel an dich.« Klingt auf Koreanisch in etwa wie **Sa-rang-hä**. (Die koreanischen Schriftzeichen dafür wären: 사랑해요)

In **NORDKOREA** sollte man allerdings überhaupt nichts lieben außer sein Land und den Staatsführer. Bewohner Nordkoreas berichten immer wieder, es gebe nach Jahrzehnten der Diktatur gar kein Wort mehr für die Liebe unter normalen Menschen.

Wenn **FRANZOSEN** oder **ENGLÄNDER** sich verlieben, dann fallen sie in die Liebe oder ins Verliebtsein hinein: **tomber amoureux, to fall in love**.

Wenn **DEUTSCHSPRACHIGE** laufen und irgendwann sagen, »ich habe mich verlaufen«, dann sind sie in die falsche Richtung gegangen. Wenn sie sagen: **Ich habe mich verliebt**, dann …?

Eine Sprache, viele Wörter

Die alten **GRIECHEN**, die ja bis heute für ihr philosophisches Denken berühmt sind, waren der Ansicht, es gebe verschiedene Arten von Liebe – und wählten dafür auch verschiedene Worte:

Agape (in griechischer Schrift αγάπη):
eine von göttlicher Kraft gespeiste, uneigennützige Liebe

Eros (in griechischer Schrift ἔρως):
eine Liebe, die sich durch machtvolles Begehren ausdrückt

Philia (in griechischer Schrift φιλία):
freundschaftliche Liebe

Wenn Griechen heute über die Liebe reden, greifen sie vor allem auf die alte Idee von »Agape« zurück, wenn auch etwas verändert. »Ich liebe dich« heißt im modernen Griechisch: **S´agapó** (σ´αγαπώ).

»Ich liebe dich« heißt auf …

Albanisch: Të dua

Dänisch: Jeg elsker dig

Finnisch: Minä rakastan sinua

Französisch: Je t'aime

Italienisch: Ti amo

Kroatisch: Volim te

Kurdisch: Ez te hezdikhem

Lateinisch: Te amo

Lettisch: Es tevi milo

Oromo: Sin jaaladha

Portugiesisch: Te amo

Rumänisch: Te iubesc

Schwedisch: Jag älskar dig

Spanisch: Te quiero

Swahili: Ninakupenda

Tschechisch: Miluji tě

Türkisch: Ben seni seviyorum

Ungarisch: Szeretlek

Zulu: Mena tanda wena

Liebe in
erfundenen Sprachen

Dothraki:

Der Amerikaner David Peterson hat sich für das Volk der Dothraki aus der Serie »Game of Thrones« auch eine Sprache ausgedacht. In der heißt »Ich liebe dich«: **Anha zhilak yera**. »Anha« ist ein Pronomen und steht für »Ich«, »zhilak« ist die gebeugte Form des Verbs »zhilat« – »lieben«, »yera« steht für »dich«.

Klingonisch:

Unter Fans der Science-Fiction-Serie »Star Trek« gibt es verschiedene Meinungen, wie die kriegerischen Klingonen ihre Liebe ausdrücken. Die meiste Zustimmung unter Trekkies findet der Ausdruck **qamuSHa'**. Darin steckt das klingonische Wort »muS« für »hassen«, das durch die Wortendung »Ha'« in sein Gegenteil verkehrt wird. Liebe wäre dann also einfach das Gegenteil von Hass.

Esperanto:

Die weltweit verbreitete Kunstsprache wird von (sehr grob geschätzt) 100 000 Menschen quer über den Globus gesprochen. Wenn sie jemandem in jener Sprache ihre Liebe zeigen wollen, sagen sie: **Mi amas vin**. »Mi« steht für »ich«, »amas« für »lieben«, »vin« für »dich«.

Was ist Liebe?

ANTWORT 7:
»MANCHMAL EIN SCHWIERIGER REGELVERSTOSS.«

Oder:
Warum es nicht einfach ist, jemanden zu lieben, der das gleiche Geschlecht hat.

Spruch an einem Park-Pavillon
in Bad Mergentheim

Nach Alexanders Party gab es für Tom endgültig keinen Zweifel mehr. Er hatte ein Problem, um es mal ganz vorsichtig auszudrücken. Weniger vorsichtig ausgedrückt: Er steckte in der Scheiße. Einerseits. Andererseits fühlte sich das, weswegen er dachte, dass er in der Scheiße steckte, irgendwie auch herrlich an. Tom war auf Alexanders Fest klar geworden: Er war verknallt. In Dominik.

Wenn man Tom ein Jahr zuvor gefragt hätte, in wen er verliebt sei, hätte er noch geantwortet: »In Anna.« Das heißt, er hätte wahrscheinlich auf so eine Frage gar keine Antwort gegeben, weil er das peinlich gefunden hätte. Aber gedacht hätte er an seine selbstbewusste Mitschülerin. Jetzt aber konnte er feststellen: Als er sah, wie die bei Alexanders Fest mit Moritz herumknutschte, löste das nicht mehr in ihm aus als ein bisschen Überraschung. Er spürte keinen Hauch von Eifersucht, und er hatte auch nicht den Gedanken, dass lieber er an Moritz' Stelle wäre. Wenn er hingegen an Dominik dachte, war das auf eine Art angenehm und zärtlich, die er genoss, die ihm zugleich aber auch unheimlich war.

Er redete viel mit Dominik an diesem Abend, sie lachten viel. Sie stießen immer wieder mit ihren Bierflaschen an. Nach Mitternacht tanzten sie sogar miteinander. Der DJ hatte ein Stück aufgelegt, das Tom eigentlich ziemlich furchtbar fand, einen bescheuerten Tanz-Knaller im Western-Style, mit quietschender Fiedel. Aber das Stück war hervorragend geeignet, sich bei jemandem unterzuhaken und wild im Kreis zu drehen. Um Spaß miteinander zu haben. Und den hatten er und Dominik in dem Moment. So sehr, dass Tom seinen Freund am liebsten gar nicht mehr losgelassen hätte.

Doch jetzt? Was sollte er damit machen? Wie es aussah, war er schwul. Doch er war ziemlich sicher, dass das bei Dominik nicht der Fall war.

Anders – aber wie?

Ganz ähnlich wie dem – erfundenen – Tom ging es Klaus. Der allerdings ist keine Fantasiefigur, sondern lebt seit knapp 30 Jahren mit dem Bewusstsein »Ich bin schwul«. Klar geworden sei ihm das in der neunten Klasse, erzählt er. In der achten Klasse war er noch in seine Banknachbarin verliebt gewesen. In der Neunten dann war ihm klar, dass er sich in seinen besten Freund verliebt hatte, der in diesem Jahr in der Schule neben ihm saß. Das Gefühl war das gleiche. Es war eindeutig das, was man Verliebtheit nennt.

Klaus war aber sicher, dass dieser beste Freund sein Gefühl nicht erwiderte. »Das war ein ganz schöner Mist«, erzählt er. »Da ist etwas wirklich Wichtiges mit dir los, was du eigentlich unbedingt deinem besten Freund erzählen möchtest. Aber genau dem kannst du es nicht sagen, weil es ja um ihn geht: Du bist in ihn verliebt.«

Er beschloss, seine Gefühle erst mal für sich zu behalten und zu versuchen, möglichst viel Zeit in der Nähe des Freundes zu verbringen, von dem er so gerne gehabt hätte, dass er nicht nur »ein Freund«, sondern »sein fester Freund« wäre. Er habe gleichzeitig »immer mal wieder mit einem Mädchen rumgemacht«, erzählt Klaus. Aber nicht, weil er sich wirklich zu diesem Mädchen hingezogen fühlte. »Wenn sich eine in dich verknallt und richtig offensiv auf dich zugeht, dann musst du das Spiel ein bisschen mitmachen«, sagt er. »Weil es ja alle machen. Du willst ja nicht der krasse Außenseiter sein.« Es hat noch einige Jahre gedauert, bis Klaus einen jungen Mann gefunden hat, mit dem er seine Liebe leben konnte. Und es hat auch gedauert, bis er seinen Eltern sagen konnte, dass er Männer liebt.

Einen ähnlichen Weg hat Janina hinter sich. Auch sie ist – ebenso wie Klaus und anders als

Tom – eine reale Person. Sie ist Ende 20 und erzählt: »Ich hatte sechs Jahre eine Beziehung mit einem Typen, das war zeitweise auch richtig happy.« Sie war 16 Jahre alt, als sie mit ihrem Freund zusammenkam, mit dem sie auch geschlafen hat. Doch mit 22 hat sie ein Mädchen kennengelernt, durch das sie merkte, dass sie etwas ganz anderes will. »Das hat sich um 180 Grad gedreht«, erinnert sich Janina. Seit vier Jahren ist sie mit ihrer Freundin zusammen. Sie kann sich vorstellen, die Freundin zu heiraten.

Gleichberechtigt, aber nicht wirklich gleich

Leute wie Klaus oder Janina dürfen in Deutschland nach den geltenden Gesetzen nicht anders behandelt werden als Menschen, die sich zum anderen Geschlecht hingezogen fühlen und nicht zum eigenen. Das war bis vor wenigen Jahrzehnten anders. Bis ins Jahr 1969 war es in der Bundesrepublik Deutschland eine Straftat, seine Homosexualität auszuleben. Auch in den meisten anderen Staaten der Welt war es lange Zeit ein Verbrechen, die Liebe zum eigenen Geschlecht zu leben. In vielen Ländern gibt es immer noch Gesetze, die Schwule und Lesben unterdrücken. In einigen Staaten werden ihnen nicht nur Gefängnis- oder Geldstrafen angedroht, sondern die Todesstrafe.

Im Vergleich zu solchen Staaten hat sich in Ländern wie Deutschland enorm viel getan. Homosexualität ist nicht nur keine Straftat mehr, man kann sich durchaus offen zu seiner Liebe zum eigenen Geschlecht bekennen. Es gab mit Guido Westerwelle schon einen offen schwul lebenden Bundesaußenminister und Vizekanzler. Es gab mit Klaus Wowereit schon einen offen schwul lebenden Regierenden Bürgermeister von Berlin. In Musik, Film und Unterhaltung gibt es jede Menge Lesben und Schwule.

»Aber wirklich einfach ist es immer noch nicht, so zu leben«, sagt Janina. Und Klaus stimmt ihr zu. Die Studentin kann berichten, wie sie auf einem Volksfest wild beschimpft wurde, als sie mit ihrer Freundin Hand in Hand herumlief. Klaus ergänzt: »Schwuchtel ist einfach ein Schimpfwort.« Und wenn ein Jugendlicher einen anderen fragt: »Bist du schwul oder was?«, dann klingt das anders, als wenn er ihn fragt, ob er Mitglied beim FC Bayern ist.

Wobei die Zahl der schwulen Männer und lesbischen Frauen um ein Vielfaches höher liegt als die Zahl der FCB-Mitglieder. Der nach eigenen Angaben größte Sportverein der Welt zählt etwa 280 000 eingeschriebene Mitglieder. Darüber, wie viele Schwule und Lesben es in Deutschland gibt, existieren zwar keine genauen Zahlen, sondern nur Schätzungen, die sich auf verschiedene Befragungen stützen. Doch die Hochrechnungen lassen keinen Zweifel: Zwei Prozent, drei Prozent oder vielleicht sogar bis über sieben Prozent aller Jugendlichen und Erwachsenen sind in ihrer Sexualität nicht streng auf das andere Geschlecht ausgerichtet. Das wären alleine in Deutschland deutlich über eine Million oder gar mehrere Millionen.

Dass es Homosexualität gibt, solange es Menschen gibt, leugnen nicht einmal die verbohrtesten Schwulenhasser. Warum es sie gibt, darüber existieren eine Menge Theorien. Jahrhundertelang waren auch unter vermeintlich seriösen Wissenschaftlern Erklärungen weit verbreitet, dass Homosexualität ein Gendefekt oder eine psychische Störung sei. Heute behauptet kein ernst zu nehmender Forscher mehr, dass Homosexualität krankhafte Ursachen hätte. Alle halbwegs anerkannten Wissenschaftler auf diesem Gebiet sind sich einig, dass es viele Spielarten der Liebe gibt. Eine davon ist es, sich nicht zum anderen Geschlecht hingezogen zu fühlen – oder zumindest nicht ausschließlich.

Woher die Aggression?

Bleibt die Frage, warum die heterosexuelle Mehrheit es der nicht heterosexuellen Minderheit auch in Ländern wie Deutschland immer noch schwer macht. »Wirklich verstehen tue ich es nicht«, sagt Janina und ergänzt: »Rothaarige Mädchen sind auch nicht die Norm. Trotzdem beschimpft sie keiner so, wie lesbische Mädchen manchmal beschimpft werden.« Aber eine Erklärung hat sie dann doch: »Es verunsichert viele Leute, wenn sie sehen: Man kann auch anders leben. Jeder will ja den Weg, den er selbst geht, für den richtigen halten. Wenn du siehst, dass jemand etwas völlig anders macht, stellt dich das infrage. Und es ist vielleicht auch ein bisschen Neid auf Leute dabei, die sich trauen, gegen Normen zu verstoßen.«

Mit Vernunft begründbar sind die Aggressionen nicht, die manche traditionell heterosexuelle Menschen gegenüber denen zeigen, die von der Norm abweichen. Dennoch beeinträchtigen diese Aggressionen das Leben der Norm-Abweichler. Es gibt Schätzungen, wonach die Selbstmordrate unter schwulen und lesbischen Jugendlichen rund siebenmal höher ist als bei heterosexuellen. Ein wesentlicher Grund dafür dürfte darin liegen, dass junge Schwule, Lesben, Bisexuelle oder Transgender immer wieder Ablehnung spüren. Eine Ausgrenzung, unter der sie mitunter so sehr leiden, dass sie keinen anderen Ausweg sehen, als das Leben zu beenden, in dem sie beim Thema Liebe nicht zur Mehrheit gehören.

Normal anders sein

Janina hofft auf eine Zukunft, in der die sexuelle Orientierung für das Leben gerade junger Menschen so interessant ist wie ihre Haarfarbe. Der Weg dahin sei aber noch weit, meint sie. »Im Englisch- oder Französischbuch in der Schule küssen sich immer Jungs und Mädchen«, stellt sie fest. »Und das dürfte wohl noch lange so bleiben.« Deswegen zögert sie bei der Frage, was sie Mädchen oder Jungen raten würde, die entdecken, dass sie nicht der heterosexuellen Norm entsprechen. »Das ist schwer«, sagt sie, »du bist dir anfangs ja auch total unsicher.«

Zumal es meist anfangs auch gar nicht so einfach ist, die eigenen Gefühle zu sortieren. Es gibt viele Schulklassen, in denen gute Freundinnen Händchen halten, sooft sie können. Sagt das etwas darüber, ob diese Mädchen später mal mit einem Mann Kinder bekommen? Hat das irgendetwas mit dem Wort »Lesbe« zu tun? Wenn Katy Perry vor einigen Jahren sang: »I kissed a girl and I liked it«, ging es dann in dem Lied um mehr als um eine Party-Spielerei? Sie sang ja auch: »I hope my boyfriend don't mind it.«

Die Popmusikerin Katy Perry ist allerdings ein spezieller Fall. Bei ihr passt es ins Bild der außergewöhnlichen Künstlerin, wenn sie in einem Video davon singt, dass sie ein anderes Mädchen geküsst habe, auch wenn sie selbst erklärt: »It's not what good girls do.« Wenn zwei Freundinnen am Samstagabend bei einem Spaziergang im Park zu knutschen anfangen

sollten, dann sind sie wahrscheinlich gut beraten, nicht am folgenden Montag der ganzen
Schule zu erzählen: »Ich habe ein Mädchen
geküsst und es hat mir gefallen.«

Was also tun, wenn im Kopf die Frage he-
rumrast: »Bin ich schwul? Bin ich lesbisch? Und
was mache ich damit?« Klaus, der seit über 20
Jahren glücklich schwul ist, meint: »Du musst
jemanden finden, mit dem du drüber redest.
Freunde, Eltern, Beratungsstellen, Treffs – was
auch immer.« Und dann ergänzt er mit einem
Grinsen: »Ob man Glück oder Unglück in der
Liebe findet, hat übrigens rein gar nichts damit zu tun, ob man schwul ist, lesbisch oder ob
man der üblichen Norm entspricht.«

Wenn Tom aus unserer Party-Geschichte
nach Alexanders Fest etwas länger mit Leuten
wie dem echten Klaus und der echten Janina
reden könnte, würde er also erkennen, dass er
vielleicht ein Problem hat. Aber ein bewältig-
bares Problem. Dass er in der Scheiße steckt,
wie er zunächst denkt, stimmt eigentlich nicht.
Vielleicht käme er nach einiger Zeit so weit,
dass er einen Satz sagen könnte, den der frühere Regierende Bürgermeister von Berlin, Klaus
Wowereit, im Jahr 2001 voller Selbstbewusst-
sein in die Mikrofone sagte, die in diesem Moment vor ihm standen: »Ich bin schwul, und
das ist auch gut so.«

Auch solche Liebesschlösser gibt es.

INTERESSE NICHT NUR AM ANDEREN GESCHLECHT

wie oft gibt es das?

???

Dazu ein paar Antworten auf
Fragen der Bundeszentrale für gesund-
heitliche Aufklärung in ihrer Studie
»Jugendsexualität 2015«:

Hattest du engen gleichgeschlechtlichen
Kontakt in den letzten zwölf Monaten?

Das sagen Mädchen und junge Frauen:

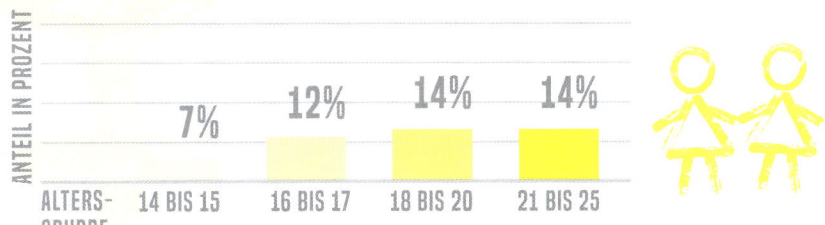

ANTEIL IN PROZENT				
	7%	12%	14%	14%
ALTERS-GRUPPE	14 BIS 15	16 BIS 17	18 BIS 20	21 BIS 25

Hattest du engen gleichgeschlechtlichen
Kontakt in den letzten zwölf Monaten?

Das sagen Jungs und junge Männer:

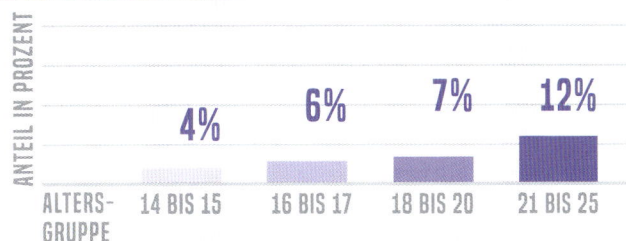

ANTEIL IN PROZENT				
	4%	6%	7%	12%
ALTERS-GRUPPE	14 BIS 15	16 BIS 17	18 BIS 20	21 BIS 25

Schwul, lesbisch, bisexuell - wie sieht es aus bei Mädchen und jungen Frauen?

	16 BIS 17	18 BIS 20	21 BIS 25
SEXUELL ZUM GLEICHEN GESCHLECHT HINGEZOGEN	2%	1%	3%
ZU BEIDEN GESCHLECHTERN HINGEZOGEN	3%	5%	6%

ALTERSGRUPPE

Schwul, lesbisch, bisexuell - wie sieht es aus bei Jungs und jungen Männern?

	16 BIS 17	18 BIS 20	21 BIS 25
SEXUELL ZUM GLEICHEN GESCHLECHT HINGEZOGEN	2%	2%	5%
ZU BEIDEN GESCHLECHTERN HINGEZOGEN	1%	1%	2%

ALTERSGRUPPE

Was kann man aus diesen Zahlen der Bundeszentrale für gesundheitliche Aufklärung herauslesen?

Zum Beispiel Folgendes:

DASS MÄDCHEN MIT MÄDCHEN ENGEN, AUCH KÖRPERLICHEN KONTAKT SUCHEN, IST GAR NICHT SELTEN. AUCH JUNGS SUCHEN NÄHE ZU JUNGS.

Das heißt nicht immer, dass man ein »echter Schwuler« oder eine »echte Lesbe« ist.

»RICHTIG SCHWUL« ODER »RICHTIG LESBISCH« FÜHLEN SICH NICHT GANZ SO VIELE.

Aber wenn man sich eine Schule mit tausend Schülern vorstellt, ist eines sicher: Da sind garantiert immer eine ganze Menge Mädchen, die Mädchen lieben, und eine ganze Menge Jungs, die Jungs lieben. Auch wenn sie sich das vielleicht nicht offen zu zeigen trauen.

Zwischenfrage

LIEBE IST

... wenn man bei einer Person man selbst sein kann.

(sagt Mona, 19)

... mir ziemlich wayne.

(sagt Tabea, 15)

... zusammen vor dem Fernseher zu sitzen und Serien zu schauen, während der Regen draußen vor sich hin trommelt.

(sagt Caro, 15)

... wenn sogar ein Montagmorgen schön wird, weil man weiß, dass man sie am Nachmittag sieht.

(sagt Viktor, 17)

... wenn Bier auf einmal nur zweitrangig ist.

(sagt Valentin, 17)

Was ist Liebe?

ANTWORT 8:
»EINE MILDE FORM VON WAHNSINN.«

Oder:
Was Hirnforscher zur Liebe sagen.

Paul fühlte sich ein bisschen wie im Rausch, obwohl er sich strikt an seine Regel hielt: Beim Auflegen nichts trinken, nichts einwerfen, nichts rauchen. Aber was er da auf der Tanzfläche sah, was er an Energien spürte zwischen diesen rund 30 Mädchen und Jungs, jungen Männern und Frauen, das steckte auch ihn an. Es war Ehrensache für den 24-Jährigen, dass er am 18. Geburtstag seines jüngeren Bruders den DJ und Zeremonienmeister gab. Noch mehr faszinierte ihn dieses Beben und Wogen im Partyraum, seit er für eine Seminararbeit über die neurobiologischen Grundlagen der Liebe ergründet hatte, was in den Körpern der jungen Leute vor sich gehen musste, die da gerade vor ihm tanzten, quatschten, lachten, tranken, küssten.

Der Psychologiestudent hatte das Gefühl, er könne förmlich sehen, wie Sehnsucht, Begehren, Verwirrung hin und her blitzten. Körperliche Anziehung lag in manchen Momenten wie ein unsichtbarer Kunsteisnebel über der Tanzfläche. Leidenschaft blinkte auf wie fluoreszierendes Make-up im Scheinwerferlicht einer Neon-Party. Die Temperatur schien in Minutenschnelle steil anzusteigen, um kurz darauf wieder abzusacken – auch wenn sich die mit einem Thermometer messbare Wärme der Luft nur langsam änderte.

Da waren Anna und Moritz. Vorhin hatte Paul beobachten können, wie sich die Spiegelneuronen in den Gehirnen der beiden ganz offensichtlich aufeinander einstellten. Also diejenigen Nervenzellen im Gehirn, die daran beteiligt sind, etwas, was man im Verhalten eines anderen sieht, auf sich selbst zu übertragen. Als Anna sich mit der Hand durch die Haare fuhr, kratzte Moritz sich kurz darauf beiläufig hinterm Ohr. Als er anfing, am Etikett seiner Bierflasche herumzukneten, machte es Anna kurz darauf genauso. Paul war sicher, erkennen zu können: Die Gehirne der beiden synchronisierten sich auf diese Weise, ohne dass es ihnen richtig bewusst war. Dann verlor er sie eine Zeit lang aus den Augen. Später entdeckte er sie am Rand der Tanzfläche wieder. Sie küssten sich auffällig leidenschaftlich.

Paul schaute sich das Paar mit kühl wissenschaftlichem Blick an. Er analysierte: Die Sensoren in der ausgesprochen dünnen und empfindlichen Haut der Lippen und der Zungen dieser beiden schickten ein Feuerwerk von Reizen in ihre Gehirne. Dort wurden verschiedenste Stoffe ausgeschüttet: Dopamin, das auch im Hirn von Glücksspielern seine Wirkung entfaltet, wenn sie den Jackpot knacken – oder auch im Gehirn von Drogenkonsumenten. So nah wie Anna und Moritz sich jetzt waren, konnten sie wohl auch ganz besondere Duftstoffe wahrnehmen, die körperliche Erregung auslösen.

Ob die beiden wirklich verliebt ineinander waren, konnte Paul nicht einschätzen. Dann hätte er auf einen hohen Spiegel von Phenylethylamin getippt, das für den leicht wahnhaften Rausch mitverantwortlich gemacht wird, den Verliebte erleben. Wenn die beiden ein frisches Paar wären, so dachte sich Paul, dann würde ein niedriger Serotoninspiegel für die etwas irre Rastlosigkeit sorgen, die bei Verliebten berüchtigt ist. Als er sich ein bisschen weiter umschaute, kamen für ihn eher Serap und Fabian als Kandidaten für echte Verliebtheit infrage. Diese Mischung aus bewusstem Tief-in-die-Augen-Schauen und selbstverständlicher körperlicher Nähe, das schien Paul mehr zu sein als die, nun ja, Geilheit, die er bei Moritz zu erkennen glaubte.

Was ist Liebe?

Bei dem war es möglicherweise auch das Männlichkeitshormon Testosteron, das ihn dazu trieb, Anna nun immer intensiver zu küssen, dachte sich Paul – bis sie diesen Moritz plötzlich stehen ließ. Er schien ihr das aber nicht krummzunehmen. Vielmehr vibrierte der Junge geradezu, als er sich ein paar Momente später einige Meter weiter zu zwei Freunden stellte. Grinsend stieß er mit seiner Bierflasche immer wieder mit den beiden an. Hibbelig trat er von einem Bein aufs andere, wusste offenbar gar nicht, wohin mit seiner Energie. Klarer Fall von Adrenalinüberschuss, dachte Paul. Letztlich löste öffentliches Küssen in mancher Hinsicht wohl Ähnliches aus, wie vor einer großen Gruppe von Menschen ein Referat zu halten oder sich beim Bungee-Jumping in die Tiefe zu stürzen.

Paul war ziemlich sicher: Die beiden würden diesen Abend nicht mehr vergessen, egal ob das nun der Beginn einer länger angelegten Liebe war oder doch nur eine intensive Party-Knutscherei. Aufregung kochte bei beiden unzweifelhaft hoch, und intensive Emotionen begünstigten es, dass im Hirn Verknüpfungen gebildet wurden, die dafür sorgten, dass Moritz und Anna sich wohl noch Jahrzehnte später an diesen Abend und an die Küsse erinnern würden. Während ihr Gehirn andere, weniger mit Emotionen verknüpfte Erfahrungen des Tages bald schon gelöscht haben würde. Wahrscheinlich würden sich weder Moritz noch Anna später daran erinnern, was sie an jenem Samstag zu Mittag gegessen hatten. Oder welche Fächer sie am Vortag in der Schule hatten. Die Erinnerung an Alexanders Party aber, oder zumindest an Teile davon, die war von jetzt an in ihre Gehirne eingebrannt. Weil sie mit intensiven Emotionen verknüpft war.

Pauls Blick wanderte weiter zu Michaela und Jonas. Von denen wusste er, dass sie schon länger ein Paar waren. Die Vertrautheit der beiden, die Paul sah, hätte sich auch im Labor messen lassen, da war er sicher. Das komplexe Molekül Oxytocin, das gerne auch »Bindungshormon« oder »Kuschelhormon« genannt wird, dürfte bei den beiden in beträchtlichen Mengen durchs Gehirn schwappen, dachte er sich. Wobei er das Gefühl hatte, dass bei Jonas etwas anderes in noch viel größeren Mengen durch den Körper brandete: Alkohol. Der junge Mann war ganz eindeutig nicht mehr nüchtern. Aber seine Freundin schien ihm zu verzeihen, dass er die Party nutzte, um sich planmäßig zu betrinken. Was erst recht dafür sprach, dass die beiden über den

Verliebtheitssturm der ersten paar Monate hinweg waren – und sozusagen von der Dopamin- oder Phenylethylamin-Phase ihrer Liebe in die Oxytocin-Phase übergegangen waren.

Betrunken oder Begehren?

Überhaupt, der Alkohol. Paul fand es faszinierend, wie ein so vergleichsweise einfach gebautes Molekül so intensiv in der komplexesten Struktur des Universums wirken konnte: im menschlichen Gehirn. Im Partyraum sah er jetzt wieder das, was er selbst schon erlebt hatte: Egal ob Bier, Shot, Cocktail oder Longdrink – schon ein oder zwei davon veränderten Persönlichkeitszüge wie etwa Schüchternheit grundlegend. Da war zum Beispiel Gabriel. Paul hatte das Gefühl, dass auch der sich zielstrebig betrank. Dabei stand er zunächst neben

Katharina, und es sah so aus, als ob eine Glaswand zwischen ihnen wäre. Dann plötzlich schaffte es Gabriel, diese Glaswand zu durchbrechen, küsste Katharina sogar. Als Paul fünf Minuten später hinsah, hatten die beiden sich aber auf gegenüberliegende Seiten des Tisches gestellt, an dem sie standen. Weitere fünf Minuten später küssten sie sich wieder, wenn auch eher beiläufig. Und kurz darauf ging dieser Gabriel an einen anderen Tisch, er ließ Katharina einfach stehen. Verwirrter Junge, dachte sich Paul. Und der Alkohol schien die Verwirrung noch gesteigert zu haben.

Wissenschaftler, die sich für Liebe und Begehren interessieren, sollten vielleicht weniger Energie investieren, um neue Studiendesigns für Laboruntersuchungen zu entwickeln, und lieber seinen Forschungsansatz vertiefen, überlegte Paul. Im Grunde war das, was er da gerade tat, genau das, was in den Sozialwissenschaften »teilnehmende Beobachtung« genannt wird. Die lag ihm näher als das, was er über Laborstudien zur Liebe gelesen hatte. Ob es wohl eine brauchbare Idee wäre, in ein paar Jahren seine Doktorarbeit über Beobachtungen eines DJs zur Liebe zu schreiben?

Liebe unterm Mikroskop

In der realen Wissenschaft, mit der der erfundene Paul sich beschäftigt, kommen tatsächlich Versuchstiere zum Einsatz, um die menschliche Liebe zu erkunden. Bei Labormäusen wird in verschiedenen Versuchsanordnungen direkt im Hirn das Wechselspiel bestimmter Botenstoffe manipuliert. Mal werden Mäusemännchen bestimmte Stoffe in die Nervenbahnen gespritzt, um zu sehen, wie sie sich hinterher gegenüber Mäuseweibchen verhalten. Mal verändern Forscher die Rezeptoren in den Gehirnen der Nager, um zu sehen, wie die Tiere hinterher mit ihren jeweiligen Partnern umgehen.

Wissenschaftler untersuchen aber seit geraumer Zeit auch menschliche Probanden unter Laborbedingungen, um etwas über die Liebe herauszufinden. Sie stecken Köpfe von Versuchspersonen in große knatternde Röhren, in denen starke Magnetfelder erzeugt werden. Mit diesen funktionellen Magnetresonanztomografen (fMRT) können die Forscher erkennen, welche Teile der Gehirne von Männern und Frauen besonders gut durchblutet sind, wenn ihnen verschiedene Bilder gezeigt werden. Mal sind das Fotos von Freunden und Bekannten, mal sind es besondere Bilder: von dem einen Menschen, in den der jeweilige Versuchsteilnehmer heftig verliebt ist – »truly, deeply, madly in love«, wie es in einer englischen Versuchsbeschreibung heißt. Das Ergebnis solcher Tests: Hinterher weiß die Wissenschaft, welcher Teil des Gehirns fürs Verliebtsein zuständig ist – der Gyrus cinguli etwa oder der Nucleus caudatus. Ebenfalls im Bildertest bewiesen: Bei Verliebten kommt das »Belohnungszentrum« des Gehirns mächtig in Gang, in dem der Botenstoff Dopamin besonders wichtig ist.

Im Glücksrausch

Es ist wissenschaftlich belegt: Verliebtsein berauscht. Beim Verlieben »wird buchstäblich der Verstand außer Kraft gesetzt«, schreibt der Hirnforscher Gerhard Roth. Das führt nicht nur dazu, dass die Gedanken von Verliebten immer nur um einen Menschen kreisen, so wie die Ideen psychisch Kranker sich oft immer im Kreis drehen. Es führt auch dazu, dass Verliebte, wenn sie sich körperlich nahe kommen, mitunter alle Vernunft beiseitelassen. Ein beträchtlicher Teil von Jugendlichen, die beim ersten Sex auf Verhütung verzichtet haben, geben in wissenschaftlichen Befragungen hinterher an, sie seien von dem, was da passierte, völlig überrascht worden. Die wissenschaftliche Erklärung: Die Neurotransmitter, die bei körperlichem Begehren das Gehirn fluten, schalten die höheren Hirnfunktionen zeitweise ab.

Damit nicht genug. Forscher haben Paare auch schon gebeten, bei folgender Versuchsanordnung mitzumachen: Ein Partner hat seinen Kopf möglichst still in einer fMRT-Röhre stecken, der andere bringt ihn währenddessen zum sexuellen Höhepunkt. »Sie holt ihm im Labor einen runter!«, hatte sich Paul mit beträchtlichem Erstaunen gedacht, als er zum ersten Mal von solchen Studien las. Dann überlegte er kurz, ob man das umgekehrt eigentlich auch so formulieren würde: »Er holt ihr …« – das hatte er dann aber verworfen, um sich auf die Kernbotschaft der Wissenschaftler zu konzentrieren.

Diese Botschaft lautet: »Wir wissen, wo Begehren und Liebe, Treue und Untreue im Kopf stecken. Und wir wissen auch, welche Stoffe dabei im Spiel sind.« Nicht selten münden die journalistischen Aufarbeitungen solcher Forschungsergebnisse in Zeitschriften oder auf Online-Portalen in Überschriften wie: »Die Chemie der Liebe«.

Alles nur Moleküle?

Zurück zu Paul. Stellen wir uns vor, wie ihn der Gedanke fasziniert, all das, was er auf der Tanzfläche und im Rest des Raumes bei der Party seines Bruders sieht, streng wissenschaftlich in seine Einzelteile zerlegen zu können. Aber er hat auch das Gefühl, dass ein grober Denkfehler dahintersteckt, wenn es heißt: »Serap fühlt sich verliebt, weil ihr Hirn mit Phenylethylamin geflutet ist«, »Michaela fühlt sich mit Jonas verbunden, weil sie bei Messungen einen hohen Oxytocin-Spiegel aufweist«.

Paul bewegt sich erst schrittweise auf das Ende seines Psychologiestudiums zu. Aber manchmal fragt er sich, ob einige Professoren, deren Aufsätze und Bücher er liest, beim Thema Liebe auch nur die geringste Ahnung haben, worüber sie eigentlich schreiben. So mancher wissenschaftliche Aufsatz erweckt in Pauls Augen den Eindruck, als ob die Neurotransmitter kleine Wesen wären, die im Kopf an einer Schaltzentale sitzen, von der aus sie den großen Menschen lenken. So ähnlich wie im Kinofilm »Alles steht Kopf«, wo das Mädchen Riley von den Figuren »Freude«, »Kummer«, »Wut«, »Angst« und »Ekel« gesteuert wird.

So ähnlich kommen Paul viele Texte über »Die Chemie der Liebe« vor. Die lesen sich, als wäre es mit der Liebe wie mit einem Computer-spiel, in dem der Mensch eine virtuelle Figur ist, die von Gamern mit komischen lateinisch-griechischen Namen durch die Welt gejagt wird. Da klickt ein Gamer namens »Phenylethylamin« auf die Computermaus, um dafür zu sorgen, dass die Spielfigur Serap ganz weiche Knie kriegt, wenn Fabian seine Hand an ihre Hüfte legt. Gleichzeitig sorgt ein paar Meter weiter der Gamer mit dem Namen »Oxytocin« mit einigen Klicks dafür, dass die Spielfigur Michaela ein warmes Gefühl für Jonas hat, wenn der sie betrunken-hilflos anschaut.

»Wenn es nur so einfach wäre«, überlegt Paul. Dann könnte sich Anna, falls sie in ein paar Tagen die Knutscherei mit Moritz bereut, darauf berufen, dass es ja nicht sie selbst war, die diesen Angeber an sich rumfummeln ließ, sondern die Neurotransmitter in ihrem Kopf. »Das war nicht ich, das war das Dopamin in meinem Kopf, gemischt mit Alkohol« – mit so einem Satz will Paul sich nicht anfreunden. Für ihn ist klar: Am Ende muss der Mensch, der das Wort »ich« denken kann, mit dem umgehen, was die Liebe mit ihm anstellt. Er muss den richtigen Mix finden aus dem Zulassen von Unvernunft und dem Einsatz seines Verstandes. Denn darum geht es in der Liebe, hat Paul irgendwann festgestellt: Ganz wie in der Musik und beim Auflegen muss man das richtige Timing finden.

LIEBES ZAUBER UND LIEBESTRANK

Was hat es damit auf sich?

???

Mystisches Gebräu
aus der Antike

Man weiß nicht, ob es im alten Griechenland wirklich Menschen gab, die solche Zutaten zusammenmischten, überliefert sind aber entsprechende Rezepte: Schleim von Pferdestuten, der sich nach der Geburt eines Fohlens finden lässt, Taubenblut, die Zunge des Wendehals-Vogels, Kalbshirn, der Schiffshalter-Fisch und Ähnliches. Zusammengemischt sollte der Trank namens »Philtron« die Liebe fördern. Wohl bekomm's!

Verschiedene Kräuter

Insekten

Ein barschartiger Fisch mit Namen Remora

Eidechsen

Kalbshirn

Taubenblut

Teile des Vogels Wendehals, besonders dessen Zunge

Philtron

Alte Rezepte für
Liebes-Zaubertränke

Bücher über »Liebeszauber« gab es nicht nur im Mittelalter, man kann auch moderne Texte finden. Wer die durchblättert, stellt schnell fest: Der Fantasie sind bei der Zusammenstellung von Zaubertränken keine Grenzen gesetzt. Besonders beliebte Zutaten: Wein, diverse Kräuter, Blut. Ganz besonders oft tauchen in solchen Rezepten Körperflüssigkeiten auf, die aus der Gegend des Unterleibs stammen. Die Grundidee ist stets die gleiche: Der Zaubertrank oder auch ein Zauberpulver muss der Zielperson in ein Getränk geträufelt werden – und schon klappt's. Wer's glaubt …

Mit etwas Mühe kann vieles zum Liebestrank werden.

Moderner Liebestrank –
süß und fettig

Wer im Internet Rezepte für ein Liebesgetränk sucht, dem werden vor allem folgende Zutaten empfohlen: Milch, vermischt mit dem Mark von Vanilleschoten, Schlagsahne, Zucker und geschmolzener dunkler Schokolade. Damit das Ganze etwas Wumms bekommt, noch Rum dazu. Und für die nötige Schärfe der Liebe: Cayennepfeffer. Ob es verliebt macht? Man weiß es nicht. Ob es auf die Dauer dick macht? Garantiert.

Soll Liebe und Begehren verstärken: Vanille

Traditionelle
Sex-Arzneien

Seitdem Menschen ihren Körper mit Arzneien beeinflussen, glauben sie, dass es auch Liebes-Medikamente geben müsste. Wobei es dabei oft eher um Sex-Medikamente geht, also um Potenzmittel. Nach Aphrodite, der griechischen Göttin der Liebe, werden sie auch »Aphrodisiaka« genannt. Dazu werden auch Gemüse, Kräuter und Gewürze gezählt, die eigentlich ganz harmlos scheinen: Grünkohl und Tomaten ebenso wie Petersilie, Muskatnuss, Safran oder Vanille sollen aphrodisierende Wirkung haben. Skurril mag es wirken, wenn Männer einen Käfer namens »Spanische Fliege« in getrockneter und zerriebener Form zu sich nehmen, um ihre Potenz zu steigern. Dieses Tier enthält einen Wirkstoff namens Cantharidin, der tatsächlich eine Erektion des männlichen Glieds auslösen kann. Er kann aber auch tödliche Vergiftungen herbeiführen.

Moderne
Sex-Arzneien

Weniger um Liebe als um Erektionen geht es, wenn Männer Arzneien mit Wirkstoffen wie Sildenafil oder Tadalafil nehmen, um in dieser Hinsicht jugendlicher zu wirken. Aufs Begehren wirken sich andere Arzneiwirkstoffe aus. Bestimmte Medikamente, die eigentlich gegen Depressionen oder die Parkinson-Krankheit wirken sollen, verändern die Abläufe im Gehirn mitunter so, dass als Nebenwirkung das sexuelle Verlangen der Patienten heftig steigt. Manchmal in einem Maß, dass es kaum noch unter Kontrolle ist. Keine Nebenwirkung, sondern eine erwünschte Wirkung ist es bei einem Hormon namens MSH, dass es die Lust steigert.

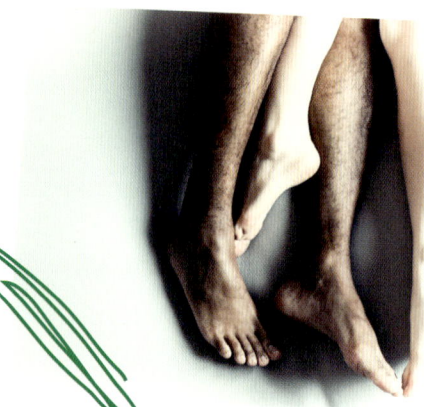

Lust
durch Drogen

Viele berauschende Drogen wie Cannabis oder Kokain, aber auch Alkohol steigern zwar nicht unbedingt direkt die Lust. Aber sie senken die Hemmschwelle, körperliches Begehren auszuleben. Zu besichtigen sind die entsprechenden Folgen des Alkohols beim Kölner Karneval ebenso wie beim Münchner Oktoberfest und vor allem an Wochenenden in Tausenden Clubs. Und auf privaten Partys sowieso.

Liebe aus der Sprayflasche

Nicht Magie, sondern wissenschaftliche Erkenntnisse sollen hinter dem Inhalt bestimmter Sprayfläschchen stehen. Deren Hersteller mischen das sogenannte »Kuschelhormon« Oxytocin mit bestimmten Duftstoffen zusammen und versprechen: Solche Sprays schaffen »dauerhafte Anziehungskraft, vertiefen bestehende Beziehungen, erhöhen die Intimität«. Ob das stimmt, bleibt unbewiesen. Sicher ist nur: Wer so etwas verkauft, kann damit ordentlich Geld verdienen.

WAS ES IST

(ERICH FRIED, 1921–1988)

Es ist Unsinn
sagt die Vernunft
Es ist was es ist
sagt die Liebe

Es ist Unglück
sagt die Berechnung
Es ist nichts als Schmerz
sagt die Angst
Es ist aussichtslos
sagt die Einsicht
Es ist was es ist
sagt die Liebe

Es ist lächerlich
sagt der Stolz
Es ist leichtsinnig
sagt die Vorsicht
Es ist unmöglich
sagt die Erfahrung
Es ist was es ist
sagt die Liebe

MEINE RUH IST HIN (GRETCHEN IN »FAUST«)

(JOHANN WOLFGANG GOETHE, 1749–1832)

Meine Ruh ist hin,
Mein Herz ist schwer,
Ich finde sie nimmer
Und nimmermehr.
Wo ich ihn nicht hab,
Ist mir das Grab,
Die ganze Welt
Ist mir vergällt.
Mein armer Kopf
Ist mir verrückt,
Mein armer Sinn
Ist mir zerstückt.
Meine Ruh ist hin,
Mein Herz ist schwer,
Ich finde sie nimmer
Und nimmermehr.

Was ist Liebe?

ANTWORT 9:
»VERGÄNGLICH.«

Oder:
Warum etwas
endet, von dem
die meisten sich
wünschen, es solle
für ewig sein.

104

Was auf dieser Postkarte steht, denken sich viele –
aber wer traut sich, eine solche Karte zu verschicken?

Hatte Jonas einen Grund, als er sich bei Alexanders Party kloschüsselreif trank? »Nicht wirklich«, sagte er seiner Freundin Mimi hinterher. »Eigentlich war das Fest ja klasse, ich hatte richtig Spaß. Das Trinken hat mir nur leider zu viel Spaß gemacht.« Doch Mimi wurde das Gefühl nicht los, dass Jonas mit dem Alkohol einen Schmerz betäubte. Es bohrte in ihm, dass nun auch seine Eltern sich trennten.

Er war bei Weitem nicht der Erste in seiner Klasse. Es gab eine Mitschülerin, bei der keiner wusste, ob sie ihren Vater je gesehen hatte. Sie redete nicht gerne darüber. Andere waren noch kleine Kinder, als ihre Eltern sich trennten. Und es gab Leute wie Jonas, deren Eltern es offensichtlich rund um den 50. Geburtstag herum für eine gute Idee hielten zu sagen: »Wir sind kein Liebespaar mehr. Wir trennen uns.«

Jonas fand das zum Kotzen, auch schon, bevor er bei Alexanders Party bis zum Erbrechen getrunken hatte. Er hatte von statistischen Zahlen zur Ehe gehört. Von 1000 Ehen, die im Jahr 1990 geschlossen wurden, waren 25 Jahre später 393 wieder beendet, rechnet das Statistische Bundesamt trocken vor. In dieser Zahl nicht erfasst sind Ehen, die eigentlich kaputt sind, bei denen Mann und Frau aber beisammenbleiben, etwa weil die Frau Angst hat, dass das Geld nicht reicht, wenn sie ohne den Ehemann wohnt.

Und überhaupt nicht von Statistiken erfasst werden Paare, die ohne Eheschließung zusammen sind – und sich irgendwann trennen. Wenn man aus denen und den Ehen eine Gesamtzahl bilden würde, dürfte der Anteil der Partnerschaften, die kaputtgehen, noch höher liegen, als wenn man sich nur die Ehen anschaut.

Warum die Liebe kaputtgeht

Jonas hatte im Grunde keinen großen Bedarf, von seinen Eltern zu hören, warum sie sich trennten. Doch sie wollten es ihm und seiner Schwester unbedingt erklären. Die Liebe, die sie zwei Jahrzehnte zuvor noch so brennend empfunden hatten, sei einfach weg, sagten sie. Sie würden einander nicht mehr verstehen. Sie seien sich fremd geworden. Blablabla, dachte sich Jonas ärgerlich und ging aus dem Zimmer, als er spürte, wie ihm die Tränen in die Augen stiegen.

Später, als er mit seiner Mutter allein war, fragte er sie: »Papa zu heiraten, war dann ja wohl der größte Fehler deines Lebens, oder?« Er war überrascht, als seine Mutter antwortete: »Nein. Mit dem, was ich damals fühlte, und mit dem, was ich über mich und deinen Vater wusste, war es richtig.« Jonas hakte nach: »Aber du würdest ihn heute nicht wieder heiraten, oder?« Und erneut staunte er über die Antwort seiner Mutter: »Die Frau, die ich heute bin, würde den Mann, der er heute ist, wohl nicht heiraten. Aber damals war ich anders, als ich heute bin. Und er war anders, als er heute ist.«

Verletzungsrisiko: ein Drittel

An jedem Tag, an dem Standesämter in Deutschland geöffnet haben, sagen mehr als 1000 Paare, dass sie dauerhaft zusammenbleiben wollen. Unter den 400 000 Ehen, die jedes Jahr geschlossen werden, sind rund 90 000 kirchliche Trauungen, bei denen die Eheleute nicht nur vor einem Staatsbeamten, sondern auch vor Gott erklären, dass sie zusammengehören. Von den kirchlichen Trauungen schließt knapp die Hälfte die katholische Kirche, die es ganz besonders ernst meint mit dem Versprechen zusammenzubleiben. Für Katholiken gilt immer noch der Grundsatz, dass eine Ehe nur durch den Tod beendet werden kann.

Nicht nur Katholiken, sondern wohl so gut wie alle Ehepaare denken in dem Moment, in dem sie heiraten, nicht daran, dass sie sich irgendwann wieder trennen werden. Die meisten überlegen in diesem Moment nicht groß, was fünf Jahre später sein wird, zehn Jahre später, fünfzig Jahre später. Sie denken auch nicht an die Statistik, die sagt, dass mindestens eine von drei Ehen zerbricht.

Jonas überlegte, was wohl wäre, wenn es irgendwo eine Treppe gäbe, von der Folgendes bekannt wäre: Von drei Leuten, die diese Treppe runtergehen, verletzt sich garantiert einer schmerzhaft, bricht sich möglicherweise sogar die Knochen. Würde irgendein Mensch von klarem Verstand diese Treppe noch benutzen? Würde eine solche Treppe nicht gesperrt werden? Würde man nicht zumindest riesige Warnschilder aufstellen? Wenn Jonas es richtig verstand, tat auch jede Trennung, jede Scheidung weh. Selbst dann, wenn sie scheinbar friedlich über die Bühne ging.

Seine Mutter grinste, als Jonas im Gespräch mit ihr diesen Vergleich zog. Sie antwortete: »Klar! Eine Treppe, bei der jeder Dritte sich wehtut, nimmt man wahrscheinlich nicht. Aber dein Vater und ich haben nicht diese Art von Vernunft eingesetzt, als wir geheiratet haben, sondern eine andere. Bei uns lauteten die – vernünftigen – Gedankengänge so: Wir waren zwar nicht mehr rasend verliebt, als wir geheiratet haben, aber wir mochten uns wirklich. Wir haben gerne miteinander geschlafen. Wir konnten gut Zeit miteinander verbringen. Wir wollten einander ein Zuhause geben. Wir wollten später Kinder haben. Wir wollten nicht nur irgendwie ein Paar sein, sondern Familie. Und wenn du all das willst, ist es vernünftig, über Heirat nachzudenken. Verstehst du?«

Alles nur ein Kommunikationsproblem?

In den Gesprächen mit seinen Eltern darüber, warum sie sich trennten, warum sich überhaupt Erwachsene trennten, hörte Jonas keine Antwort, die ihn wirklich zufriedengestellt hätte. Er klickte sich durchs Internet. Er fand Listen der »zehn häufigsten Scheidungsgründe«. In ihnen stand immer wieder das Gleiche:

- mangelnde Kommunikation
- Fremdgehen
- Lustlosigkeit im Bett
- Streit übers Geld
- Streit über die Aufgaben im Haushalt
- Streit über die Kindererziehung
- Streit darüber, wie man gemeinsame Entscheidungen trifft
- Streit übers Streiten

Je länger sich Jonas solche Listen anschaute, desto deutlicher kam er zu dem Ergebnis: Paare, die sich trennten, konnten sich nicht mehr verständigen. Nicht darüber, wer die Spülmaschine öfter einräumt. Nicht darüber, wie man mit den gemeinsamen Kindern umgehen soll. Nicht darüber, was man im Bett gerne mag und was nicht. Und nicht darüber, wie man am besten miteinander streitet.

Wenn der erfundene Jonas mit einem Paartherapeuten oder Beziehungsberater über seine Gedanken spräche, würde er möglicherweise hören: »Respekt, junger Mann! Du hast das Kernproblem erkannt.« Die Erfahrungen, die Paartherapeuten mit Beziehungs- oder Ehekrisen und mit Trennungen machen, laufen alle aufs Gleiche hinaus: Ein Paar, das länger als ein paar Wochen zusammen ist, wird auf Reibungspunkte stoßen. Es stellen sich Fragen, über die sich die Liebenden nicht einig sind. Jeder wird Dinge tun, die den anderen verletzen – mal unabsichtlich, mal absichtlich.

Zusammenbleiben werden Paare am ehesten dann, wenn sie Wege finden, mit den Reibungen und Verletzungen so umzugehen, dass sie die Liebe nicht töten, die am Anfang ja bei allen da ist; Leute, die spüren, dass sie ein Paar sein wollen. »Es ist oft jammerschade, wie viel an Entwicklungsmöglichkeiten sich Menschen rauben, weil sie sich gegen jede Einsicht sperren, dass Liebe böse Fehler machen kann und doch Liebe sein kann«, schreibt der Therapeut Wolfgang Schmidbauer. Der Paarberater weiß aus jahrzehntelanger Erfahrung aber auch: Es gelingt bei Weitem nicht allen Menschen, die eine Krise bewältigen wollen, ihre Liebe tatsächlich zu bewahren. Und Schmidbauer erklärt: »Es ist oft erschütternd, wie wenig Partner voneinander wissen.«

Zusammenbleiben hat nicht selten auch etwas mit Geld zu tun.

Liebe mit Sollbruchstelle?

Stellen wir uns noch mal Jonas vor. Der greift vielleicht nicht zu den Büchern über Beziehungsprobleme, die er auf dem Schreibtisch seiner Mutter liegen sieht. Er sucht weiter im Internet und stößt auf eine Wortkombination, die er ziemlich komisch findet, fast sogar zum Lachen: »Unvereinbarkeit der Charaktere«. In früheren Zeiten, als Ehepaare vor Gericht weit detaillierter als heute erklären mussten, warum sie sich trennen wollten, galt das als ebenso simple wie kraftvolle Begründung: »Die mit dem? Das geht halt nicht auf Dauer.« Wobei Jonas sich fragt, ob es wirklich sein kann, dass Menschen Jahre oder gar Jahrzehnte brauchen, um zu erkennen, dass ihre Charaktere unvereinbar sind.

Sein Vater meint dazu: »Ganz grundlegend verändert sich der Charakter nicht, wenn du mal älter als 20 bist oder so. Aber ein Stück weit doch. Das heißt: Zwei Charaktere, die mit 20 vereinbar schienen, stellen mit 40 vielleicht fest, dass sie es doch nicht sind.« Und Jonas' Vater fügt hinzu: »Wenn wir vor hundert oder zweihundert Jahren gelebt hätten, wären wir möglicherweise trotzdem zusammengeblieben. Wahrscheinlich sogar. Damals war es rechtlich viel schwieriger, sich zu trennen. Du galtest in der Gesellschaft als Außenseiter, wenn du das Ehegelübde aufgekündigt hast. Vor allem für Frauen war das eine echte Katastrophe. Die standen ruckzuck ohne Geld da, denn sie haben ja oft auch nicht genug verdient, um alleine über die Runden zu kommen. Inzwischen ist das alles anders. Heute kannst du überlegen, eine Ehe zu beenden, genauso wie du dir überlegen kannst, einen Mietvertrag zu kündigen und dir eine andere Wohnung zu suchen.«

Jonas fand es einen schwachen Trost, dass er hundert Jahre früher nicht als Trennungskind seinen 17. Geburtstag gefeiert hätte. Er suchte weiter nach Texten und Informationen

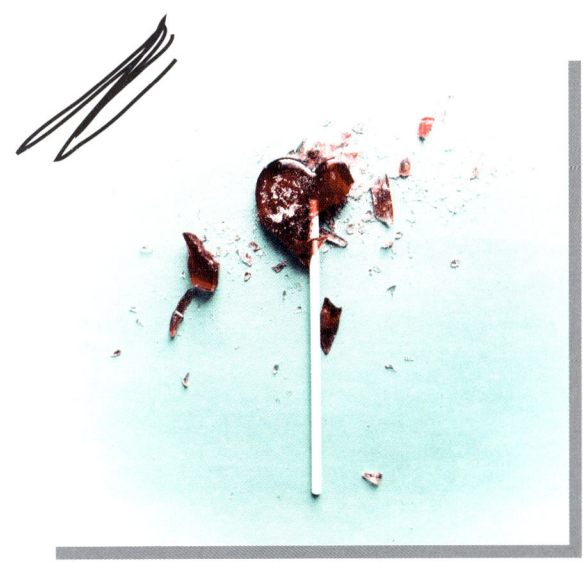

über Scheidungen und Trennungen. Er fand wissenschaftliche Theorien, wonach es ganz natürlich sei, dass Eltern sich nach einiger Zeit nicht mehr so sehr füreinander interessieren, sondern sich nach anderen Partnern umsehen. Die Wissenschaftler, die den Gedanken der Evolutionspsychologie anhängen, argumentieren, Familien seien schließlich nur dazu da, dass möglichst viel möglichst gesunder Nachwuchs in die Welt kommt. Wenn ein Mann drei, fünf oder vielleicht auch 14 Jahre nach der erfolgreichen Begattung einer Frau sicher sein könne, dass seine Kinder halbwegs durchkommen im Kampf ums Überleben, dann sei es Zeit, sich nach anderen Frauen umzuschauen, mit denen er seine Gene verbreiten kann.

Frauen seien etwas vorsichtiger damit, den Vater ihres ersten Kindes oder ihrer ersten Kinder gleich ganz zu verlassen, heißt es von den Evolutionspsychologen. Doch es sei bekannt, dass etliche Mütter nach einigen Jahren Partnerschaft nicht mehr nur mit dem Vater ihrer Kinder schlafen, sondern auch mal mit dem einen oder anderen Mann. Die Erklärung der Evolutionspsychologen dazu lautet: Die Frauen fühlen sich zu diesem Zeitpunkt in der Partnerschaft mit dem Vater ihres Kindes oder ihrer Kinder recht sicher. Aus dieser Sicherheit heraus schauen sie sich um, ob es nicht vielleicht noch einen anderen besonders attrakti-

ven Mann gibt, dessen Gene sie anzapfen können, um noch wertvolleren Nachwuchs auf die Welt zu bringen. Dafür ist immer mal wieder ein ganz spezielles Wortpaar zu lesen: »genetischer Einkaufsbummel«.

Was könnte im Kopf von Jonas ablaufen? Er überlegt vielleicht, ob die Erklärung für das Ende der vermeintlich großen Liebe nicht ganz anders lauten müsste. Möglicherweise ist es mit Liebesbeziehungen wie mit Lebewesen, denkt er. Denen geht ja auch irgendwann die Lebenskraft aus. »Vielleicht gibt es einfach die Bienen-Liebe, die schon nach ein paar Wochen oder Monaten stirbt. Und daneben die Kaninchen-Liebe, die eine Lebenserwartung von circa drei Jahren hat. Dann gibt es aber auch die Katzen-Liebe, die erst nach 15 Jahren unerbittlich an ihr Ende kommt. Und schließlich die Schildkröten-Liebe, die alles um sich herum überdauert.« Das Dumme dabei ist nur, nicht zu wissen, in was für einer Art von Liebe man lebt. Dass ihn und Mimi keine Bienen-Liebe verbindet, die nicht länger als ein paar Wochen hält, ist immerhin schon mal sicher. Sie haben schon ein Jahr hinter sich. Und noch viel Zeit vor sich, so hofft Jonas. Denn wenn seine Eltern ihre Ehe schrotten, ist eine Trennung von Mimi das, was er gerade am wenigsten gebrauchen kann.

110

KÖNNEN KINDER ETWAS FALSCH MACHEN, WENN IHRE ELTERN SICH NICHT MEHR LIEBEN?

»Der häufigste Scheidungsgrund ist das zweite Kind.«

So sagt es die Scheidungsanwältin Helene Klaar in einem Interview mit dem »Süddeutsche Zeitung Magazin«. Die Worte stehen in einer Sonderausgabe des Magazins zum Valentinstag, dem Tag der Liebe. Was die Scheidungsspezialistin damit meint, erklärt sie noch etwas ausführlicher: »Mit dem zweiten Kind tritt der permanente Ausnahmezustand ein.«

Viele Eltern erleben genau das nach der Geburt des zweiten Kindes, oft auch schon nach der Geburt des ersten: Das einstige Liebespaar hat keine Zeit mehr, Schönes miteinander zu erleben. Das lateinische Motto »Carpe diem – Nutze den Tag«, das das Liebespaar zu leben versucht hat, weicht im stressigen Alltag dem Motto: »Supervive diem – Überlebe den Tag«. Die Kinder müssen versorgt werden, der Haushalt muss erledigt werden, Geld muss verdient werden. Aus der jungen witzigen Frau mit Sexappeal, in die sich ein junger Mann mal verknallt hatte, wird eine gestresste Mama. Aus dem attraktiven, charmanten jungen Mann, in den sich eine junge Frau mal verliebt hatte, wird ein genervter Papa.

Junge Liebende haben meist nicht die geringste Idee davon, wie nervig und stressig es sein kann, all das unter einen Hut zu bringen: einen Job haben, der Geld in die Kasse spülen soll. Ein Kind oder gar mehrere versorgen. Das nicht vergessen, was einem früher einmal Spaß gemacht hat, wie Freunde treffen, Sport, Hobbys. Diese Vielfach-Belastung macht aus so manchem romantischen Liebespaar das abgeklärte Führungsduo einer Familie, das sich immer wieder mal streitet, sich immer öfter anödet. Wenn es schlecht läuft, so sehr, dass die Liebe endgültig verloren geht und die Ehe zerbricht.

Heißt das, dass Kinder und Jugendliche wie (der erfundene) Jonas der Grund dafür sind, dass sich Eltern trennen? Sind Söhne und Töchter schuld daran, wenn Eltern die Liebe verloren geht? Welches Kind ist nicht immer mal wieder renitent? Wenn ein kleiner Junge nicht nur auf seinem Spielzeug herumtrampelt, sondern auch auf den Nerven seiner Eltern, trägt er dann die Verantwortung dafür, wenn seine Eltern immer häufiger streiten? Ist eine Vierjährige schuld daran, wenn ihre Eltern sich Grausamkeiten an den Kopf werfen, die sie einander nie mehr wirklich verzeihen? Welche Verantwortung für sein Verhalten trägt ein 14-Jähriger, wenn er bei Streitigkeiten über sein Computer-Zeitbudget so pampig und anschließend so verschlossen ist, dass seine Eltern glauben, ihnen geht die Kraft aus? Bis dahin, dass sie meinen, sie hätten keine Kraft mehr, um ihre Liebe zu retten?

Die Kinder sind schuld?

Unsinn.

Martin Schmidt, Familientherapeut an der Ludwig-Maximilians-Universität München, hat es schon oft erlebt, dass Kindern genau dieser Gedanke durch den Kopf geht: »Ich bin schuld daran, dass meine Eltern sich trennen. Oder ich trage zumindest einen Teil der Schuld.« Schmidt lässt keinen Zweifel daran, was er von solchen Gedanken hält: »Das ist Unsinn. Es sind immer die Erwachsenen, die die Verantwortung für ihr Verhalten und ihre Beziehung tragen.« Deswegen ist für den Psychologen auch klar, wer die Verantwortung dafür trägt, dass eine Trennung oder Scheidung zivilisiert über die Bühne geht: die Eltern und nicht die Kinder.

Was aber nicht heißt, dass Trennungskinder und Scheidungskinder keine Fehler machen können. Falsch wäre es etwa, wenn sie sich in sich verschließen. Wenn sie nicht klar sagen, was sie wollen. Wenn sie die Wut, die sie möglicherweise spüren, gegen sich selbst richten. Aber auch dann sind es die Eltern, die die Verantwortung dafür tragen, gemeinsam nach Wegen zu suchen, wie Kinder aus ihrer Verschlossenheit und Wut herauskommen können.

EIN JÜNGLING LIEBT EIN MÄDCHEN

(HEINRICH HEINE 1797–1856)

Ein Jüngling liebt ein Mädchen,
Die hat einen andern erwählt;
Der andre liebt eine andre
Und hat sich mit dieser vermählt.

Das Mädchen heiratet aus Ärger
Den ersten besten Mann,
Der ihr in den Weg gelaufen;
Der Jüngling ist übel dran.

Es ist eine alte Geschichte,
Doch bleibt sie immer neu;
Und wem sie just passieret,
Dem bricht das Herz entzwei.

LIEBE NOT

(UWE-MICHAEL GUTZSCHHAHN, GEBOREN 1952)

Schöne, sag nicht, bitte wende
dich von mir, o Gott, ich fände
das ein schaurig tristes Ende
für das sonst so bewegende
Liebesspiel an deiner Lende.

Deshalb ruf ich dir behände
seltsam reimende Momende
in Erinnerung und schände
manches Verswort, das ich sende
aus Verzweiflung, du Liebende.

LIEBE IST

... stark wie der Tod.

(sagt Wolf Biermann, Dichter)

... stärker als der Tod und die
Schrecken des Todes.

(sagt Iwan Sergejewitsch Turgenew, Schriftsteller)

... nicht blind; sie gibt einem einfach die
Fähigkeit, Dinge zu sehen, die andere
nicht sehen können.

(sagt Johnny Depp, Schauspieler)

... langmütig und freundlich.

(sagt Paulus, Heiliger)

Liebe ist ...

... die einzige Kraft, die einen Feind
zum Freund machen kann.

(sagt Martin Luther King jr., Bürgerrechtler)

... die Schönheit der Seele.

(sagt Augustinus, Heiliger)

... für mich unbeschreiblich.

(sagt iBlali, YouTuber)

Was ist Liebe?

ANTWORT 10:

»IRRSINN – DER ZUR KRANKHEIT WERDEN KANN.«««

Oder:
Wenn das
Wort »Liebe«
völlig seinen
Sinn verliert.

118

Solche Schmerzen hatte Jakob noch nie ge-spürt. Was er dabei zuerst gar nicht merkte: Es fühlte sich zwar an, als ob ihm sein gesamter Körper wehtäte. Doch der Schmerz entsprang seinem Kopf und floss von dort wie ein Sturz-bach in Arme, Bauch, Beine. Gleichzeitig fühl-te er sich wie gelähmt, als er auf Alexanders Party sah, wie Anna vor den Augen aller ande-ren mit Moritz knutschte.

Anna und er waren nur zwei Monate ein Paar gewesen, das lag nun ein halbes Jahr zurück. Der Schlag in den Magen, den Ja-kob spürte, als er sah, wie ein anderer seine Zunge im Mund seiner Exfreundin bewegte, war aber so heftig, als ob sie sich nie getrennt hätten. Nie hatten Anna und er sich öffentlich so geküsst. Überhaupt hatte Jakob das Gefühl, dass dieser Moritz von seiner Exfreundin et-was bekam, das er selbst nie bekommen hatte. Er versuchte seinen Blick abzuwenden, doch er musste immer wieder hinschauen. Er war froh, als die beiden irgendwann verschwan-den. Wobei ihn nun der Gedanke quälte: Was tun sie wohl jetzt?

Leicht irrsinnig hatte er sich gefühlt, als Anna ihn das erste Mal küsste. Allerdings irr-sinnig vor Glück. Er war wirklich verknallt in sie gewesen und konnte es eigentlich gar nicht glauben, als es tatsächlich zwischen ih-nen klappte. Allerdings ging das nicht beson-ders lange. Auf das wahnsinnige Glücksgefühl folgte ein fast ebenso wahnsinniges Gefühl der Enttäuschung, das aber nach einigen Wochen abebbte.

In den Tagen nach Alexanders Party be-gann Jakob allerdings an seinem Verstand zu zweifeln. Er musste immer wieder an Anna denken. Und er musste sich eingestehen: Das war Liebeskummer. Nein, das war noch mehr: Das war pure Eifersucht. Rasende Eifersucht wegen eines Mädchens, mit dem er nicht mehr zusammen war! Er begann sich zu fragen, ob er noch ganz gesund im Kopf war, und begann, das Internet durchzustöbern, mit Suchworten wie »Liebeswahn«.

Verbrechen aus Liebe?

Wenn Jakob keine Fantasiefigur wäre, könnte er in der wirklichen Welt auf Texte stoßen, die kaum zu glauben sind. Etwa die Geschichte des 19-jährigen Yvan. Er war – im Gegensatz zum erfundenen Jakob – ein realer junger Mensch. Sein Leben endete, als er im Jahr 2007 von Deniz, 19 Jahre alt, und Roman, 18 Jahre, zu Tode geprügelt wurde. Das unglaubliche Ver-brechen geschah in der Nähe von Stuttgart. Der Grund, der später in Pressetexten genannt wurde: irrsinnige Eifersucht. Deniz hatte eine Freundin, die 16-jährige Sessen. Er wollte von ihr alles über jeden Jungen wissen, mit dem sie jemals etwas gehabt hatte. Sehr viel war da nicht. Aber in Deniz' Kopf setzte sich fest, dass Sessen von Yvan gegen ihren Willen entjung-fert worden sei. Dabei kannte Yvan das Mäd-chen in Wirklichkeit kaum.

Deniz aber beschloss, Yvan zu töten, um Ses-sen seine Liebe zu beweisen, heißt es in Pres-seberichten über den Mordprozess, der später geführt wurde. Das Mädchen habe ganz in der Nähe gestanden, als Yvan zu Tode geprügelt wurde. Deniz habe ihr immer wieder zugeru-fen, dass er das alles nur für sie tue. Den Leich-nam zerstückelte Deniz gemeinsam mit Helfern und goss die Teile in Betonblöcke ein, die sie im Neckar versenkten. Sie hofften, der Fluss würde die Spuren des Mordes für immer verschwinden lassen. »Getötet im Liebeswahn«, schrieben Zeitungen über Yvan. Der Mord an dem Gymnasiasten sei »aus kranker Liebe« geschehen.

Es gibt viele Texte, in denen das Wort »Liebe« mit den Worten »Gewalt« und »Wahnsinn« in Verbindung gebracht wird. Da ist etwa die Geschichte eines 48-jährigen Ingenieurs, der sich rasend in eine Frau aus Portugal verliebt. Nach der Hochzeit geht die Ehe bald schon in eine Aneinanderreihung von Streitereien und Verletzungen über. Als ein Streit besonders eskaliert, würgt der Mann seine Ehefrau und schlägt ihr mit einem Meißel den Schädel ein. Hinterher legt er den Körper der Frau, die er doch so geliebt zu haben glaubt, in die Badewanne. Er zündet über Wochen hinweg immer wieder Kerzen neben dem Leichnam an und spricht mit seiner toten Frau, als ob sie noch am Leben wäre. Mehrmals versucht er auch, sich selbst zu töten, was ihm aber nicht gelingt. Tabletten, mit denen er sich vergiften will, erbricht er. Ein selbst gebauter Galgen, mit dem er sich erhängen will, stürzt zusammen.

Diesen Fall schildert der Psychiatrieprofessor Andreas Marneros in einem Fachbuch. Er beschäftigt sich seit Jahrzehnten mit Gewalt unter Menschen, die einmal voneinander gesagt haben, dass sie sich lieben. In seinem Buch kommt Marneros zu einem ernüchternden Schluss: »Die größte Gefahr für eine Frau, im Erwachsenenalter getötet zu werden, geht meist vom Ehemann oder von sonstigen Intimpartnern aus.« Die Menschen, die für das Leben einer Frau am gefährlichsten werden, sind also nicht irgendwelche Kriminellen, die ihr im Dunkeln auflauern. Am gefährlichsten sind Männer, die einmal gesagt haben: »Ich liebe dich.«

Es sind eine Menge Menschen mit psychischen Problemen unter den Tätern und Opfern, die Psychiater wie Marneros begutachten. Aber Marneros warnt davor, Gewalt unter einstmals Liebenden für etwas zu halten, das nur Menschen trifft, die ihr Leben, oder zu-

mindest ihren Kopf, nicht im Griff haben. »Jeder kann seinen Intimpartner töten, auch wenn das schrecklich klingen mag«, schreibt er.

Polizisten, Psychiater oder Psychologen, die sich mit Gewalt unter ehemals Liebenden beschäftigen, betonen oft: Jeder Fall ist einzigartig. Doch es gibt auch Gemeinsamkeiten. Denn eines haben Menschen, die eine Liebesbeziehung eingehen, stets gemeinsam: Sie machen sich verwundbar. »Diejenigen, die wir am meisten lieben, können uns nicht nur am tiefsten verletzen, sondern auch die heftigsten Schuldgefühle in uns auslösen«, schreibt der amerikanische Psychiater Otto F. Kernberg.

Zu wissen, dass der andere, der einen geliebt hat oder immer noch liebt, verletzlich ist, verleiht aber auch Macht. Menschen, die flüchtige Intimkontakte hatten, geben in Befragungen immer wieder als Grund an: »Um jemand anderen zu verletzen.« Sprich: Wenn man sich vorstellt, auf der erfundenen Party von Alexander hätte Anna das Ziel, Jakob wehzutun, dann müsste sie sich nur möglichst gut sichtbar gemeinsam mit Moritz vor ihn hinstellen. Und wenn sie ihn wirklich quälen wollte, müsste sie Jakob nach einer Liebesnacht – und sei es nach einer erfundenen – in allen Details schildern, wie toll es mit Moritz war.

Zwischen Normalität und Wahnsinn

Die Energien, die Frauen und Männer in Zweierbeziehungen freisetzen, können im Guten wie im Schlechten sehr intensiv sein. So intensiv, dass Menschen, die im Alltagsleben als normal gelten, Wahnsinnstaten begehen. Der 48-jährige Ingenieur, der seine Ehefrau im Streit erschlagen hat und vier Wochen lang eine Art Altar mit Kerzen neben ihrem Leichnam aufbaute, erhielt das vergleichsweise milde Urteil einer Haftstrafe von fünf Jahren. Das Gericht

stellte bei ihm eine »schwere akute Belastungs-reaktion mit tiefgreifender Bewusstseinsstö-rung« fest. In anderen Worten: Die Richter waren der Ansicht, er sei im Moment der Tat und auch in den Tagen danach nicht bei Sin-nen gewesen. Aber eine grundlegende Geistes-krankheit haben sie bei ihm nicht festgestellt.

In anderen Fällen gelten Täter als dauerhaft psychisch Kranke, die ihre Taten im Wahn mit dem Wort »Liebe« versehen. Der 18-jährige Deniz, der den ein Jahr älteren Yvan erschlug, weil er glaubte, der habe seine Freundin Sessen gegen ihren Willen entjungfert, erhielt nicht nur die höchstmögliche Jugendstrafe von zehn Jahren. Das Gericht ordnete auch an, dass er in einem psychiatrischen Krankenhaus unter-gebracht wurde. Die Richter hielten jemanden, der so eine Tat begeht, schlicht für verrückt.

Von »Wahn« sprechen Psychologen und Psychiater, wenn sich Empfindungen oder Ge-danken, die nichts mit der Wirklichkeit zu tun haben, im Kopf eines Menschen so festsetzen, dass er sie für wirklich hält. Das können Stim-men sein, die ihm irgendwelche Befehle ein-flüstern. Aber auch wahnhafte Eifersucht ken-nen Ärzte aus ihren Praxen. Das heißt, in einer Zweierbeziehung unterstellt einer (meistens ist es der Mann) dem anderen (meistens ist das die Frau), dauernd fremdzugehen. Der Psychiater Harald Oberbauer, der in Innsbruck eine Ei-fersuchts-Sprechstunde anbietet, berichtet in einem Interview von einem Patienten, der Be-wegungsmelder im Bett installiert hat, um das Verhalten seiner Frau zu kontrollieren. »Das ist wirklich nicht mehr kreativ, sondern eher psy-chotisch«, meint der Arzt im Gespräch mit der »Süddeutschen Zeitung«. Das heißt: Wer so et-was macht, der liebt nicht. Der spinnt.

Von »Liebeswahn« sprechen Psychiater auch in einem anderen Zusammenhang. Schon seit Jahrzehnten sind in der Fachliteratur Fälle be-schrieben, in denen Frauen oder Männer fest überzeugt sind, dass jemand, den sie anhim-meln, auch in sie verliebt sei – dieser geliebte Mensch zeige es aber nicht offen. Der Psychi-ater Gaëtan Gatian de Clérambault hat diese psychische Störung als Erster in wissenschaftli-chen Worten beschrieben. Seitdem ist auch vom De-Clérambault-Syndrom die Rede.

In eine ähnliche Richtung geht das, was hin-ter dem modernen englischen Begriff »Stalking« steht. Öffentlich bekannt werden immer wie-der Fälle, in denen Prominente Stalking-Opfer werden. Die Liste von Schauspielern, die unter geradezu irrsinnigen Nachstellungen leiden, ist lang. Die Harry-Potter-Stars Daniel Radcliffe und Emma Watson haben seit Jahren mit Stalkern zu kämpfen, ebenso wie die Moderatorin Michelle Hunziker. Auch im Sport gibt es Stalking-Opfer, etwa die langjährigen Tennis-Weltstars Martina Hingis oder Anna Kournikova. Immer wieder wird aber auch das Leben ganz normaler Menschen durch Stalking zur Hölle. Meist sind es Frauen, deren Expartner sie Tag und Nacht verfolgt, mit Telefonanrufen und Kurznachrichten bombardiert, vor ihrer Wohnungstür lauert.

Willenlosigkeit und gebrochener Wille

Stalker haben oft etwas Bedrohliches, weil sie einen unbeugsamen Willen zeigen, das zu bekommen, was sie wollen: Aufmerksamkeit oder gar Zuneigung von einem bestimmten Menschen. Den eigenen Willen über den Willen eines anderen zu setzen, kann allerdings noch ganz andere, zerstörerische Formen annehmen. Wenn die Energie hinzukommt, die in der Sexualität steckt, können am Ende psychische und körperliche Verletzungen stehen, die nicht mehr heilen. Vergewaltigung ist ein Verbrechen, dessen schlimmste Folgen meist nicht mit den Augen zu sehen sind.

Vergewaltigung und Liebe haben nichts miteinander zu tun. Deswegen verbietet es sich eigentlich, diese beiden Wörter überhaupt in einen Satz nebeneinanderzustellen. Aber auf eine indirekte Weise stehen diese beiden Wörter dann doch in Verbindung. Denn Liebe und Sex sind – unter Erwachsenen – oft miteinander verknüpft. Wenn 25-Jährige, 30-Jährige oder 35-Jährige sich als Liebespaar zusammentun, dann fühlen sie sich so gut wie immer nicht nur seelisch voneinander angezogen, sondern auch körperlich. Sie wollen nicht nur geistige und emotionale Zuneigung voneinander, sondern sie wollen auch Sex.

Vergewaltiger tun ebenfalls etwas, was mit Sex zu tun hat. Allerdings sind sich die meisten Sexualwissenschaftler einig, dass Männer, die Frauen oder Mädchen vergewaltigen, dabei nicht die sexuelle Lust ausleben, um die es zwischen Liebenden geht. Vielmehr geht es Vergewaltigern darum, Gewalt auszuüben. Daher gilt es inzwischen als genauerer Begriff, von »sexualisierter Gewalt« zu sprechen und nicht von »gewaltsamem Sex«. Diese Unterscheidung ist nicht nur Wortklauberei. Sie stellt vielmehr klar, was bei einer Vergewaltigung im Mittelpunkt steht.

Allerdings ist die Sache oft alles andere als eindeutig. Es gibt klare Fälle wie den des 25-Jährigen, der im Januar 2017 eine Toilette an der

Münchner Uni aufgebrochen hat, um eine ihm völlig unbekannte junge Frau zu vergewaltigen. Der Täter hat der Studentin dabei einen Arm gebrochen. Es gibt aber auch viele Fälle, bei denen nicht so klar ist, dass es um Vergewaltigung geht – bei denen Frauen und Mädchen sich hinterher denken: »Eigentlich habe ich nicht gewollt, was da passiert ist. Das war aber egal. Denn dem Typen war egal, was ich will.« Wer sich unter erwachsenen Frauen umhört, wird bald feststellen: Ein Mädchen oder eine Frau kann mit jemandem im Bett oder auch auf dem Auto-Rücksitz oder Sofa landen, indem sie auf bestimmte Partys oder in bestimmte Clubs geht – und einfach nicht Nein sagt, wenn einer sie anquatscht. Wenn er sie anfasst. Wenn er sie küsst. Wenn er sie auszieht. Die Grenzen zwischen »nicht fragen, einfach weitermachen« und »möglichen Widerstand brechen« sind dabei fließend. Zumal Männer immer wieder auch so manches »Nein« einfach überhören.

Bei einer Umfrage der Bundeszentrale für gesundheitliche Aufklärung (BZgA) unter Mädchen und jungen Frauen im Alter zwischen 14 und 25 Jahren haben zwanzig Prozent geantwortet, dass ein Junge oder Mann sie schon mal unter Druck gesetzt hat, weil es ihm um »Sex oder Zärtlichkeiten« ging, wie es in der entsprechenden Frage heißt. Von hundert Mädchen und jungen Frauen haben also zwanzig bereits die Erfahrung gemacht, dass beim Thema Sex nicht wichtig ist, was sie wollen. Die Hälfte davon hat es geschafft, dafür zu sorgen, dass nichts passiert. Aber etwa drei von hundert Mädchen und jungen Frauen berichten davon, dass sie schon Sex hatten, obwohl es eigentlich gegen ihren Willen war. Etwa genauso viele berichten von Küssen und Petting, bei denen das, was sie wirklich wollten, eigentlich egal war.

Jungs und junge Männer machen wesentlich seltener die Erfahrung, dass ihr Wille beim Thema Sex nicht wichtig ist. Männer und Jungs werden am ehesten dann Opfer entsprechender unangenehmer Erlebnisse, wenn sie sich körperlich zu Männern und anderen Jungs hingezogen fühlen, hat die Bundeszentrale für gesundheitliche Aufklärung bei ihren Befragungen erfahren. Egal, ob Frauen, Mädchen, Jungs oder Männer die Opfer sind – wenn beim Sex der Wille eines Menschen missachtet wird, sind in den allermeisten Fällen Männer die Täter.

Schwieriges Reden

Darüber zu sprechen, dass der eigene Wille beim Sex nicht wichtig war, fällt vielen, die solche Erlebnisse hatten, schwer. Von denen, die bei der Befragung der BZgA angeben, sie hätten Sex gegen ihren Willen gehabt, hat über ein Drittel nie mit jemandem darüber geredet. Von denen, die darüber gesprochen haben, haben viele lange Zeit gebraucht: Monate oder gar Jahre. Wenn das Wort »Opfer« eine Art Schimpfwort ist, sagt niemand gerne: »Ich war das Opfer von sexuellem Druck, von sexueller Gewalt.« Und Mädchen und junge Frauen erleben es oft genug, dass ihnen nicht geglaubt wird. Der Vorwurf gegen einen Jungen oder einen Mann, dass er Druck oder Gewalt ausgeübt hat, löst oft den Gegenvorwurf des Beschuldigten aus: »Das sagt die bloß, um mir zu schaden!«

Und es gibt tatsächlich Fälle, in denen Vergewaltigungsvorwürfe nicht stimmen, gar frei erfunden sind. Immer wieder machen Polizisten die Erfahrung, dass Frauen oder Mädchen Vorwürfe erheben, die sich später als falsch herausstellen. Mit bitteren Folgen. Ein vermeintlicher Täter, von dem es einmal geheißen hat, er habe ein Mädchen oder eine Frau vergewaltigt, wird sich von diesem Vorwurf nie mehr ganz reinwaschen können. Weit größer allerdings ist die Zahl der Opfer von sexueller Gewalt, denen nicht geglaubt wird. Oder die nie über das reden, was sie erlebt haben.

124

KANN MAN DEUTSCHLAND LIEBEN?
EINEN FUSSBALLCLUB?

Himbeermarmelade?

???

Das Vaterland als
große Liebe

»Wer Deutschland nicht liebt, soll Deutschland verlassen!« Dieser Ruf ist von Anhängern der Pegida-Bewegung in den vergangenen Jahren in vielen Städten immer wieder zu hören gewesen. Stellt sich die Frage: Wie geht das eigentlich, Deutschland zu lieben? Heißt das, dass man die Alpen liebt oder die Nordseeküste? Dann würde man aber automatisch Österreich, die Schweiz und Frankreich gleich mitlieben. Oder auch die Niederlande, Belgien und Dänemark. Denn auf die verteilen sich die Alpen beziehungsweise die Nordseeküste ebenso.

Oder liebt jemand, der Deutschland liebt, deutsche Speisen wie Currywurst und Schweinebraten? Dazu die Musik deutscher Künstler wie Ludwig van Beethoven und Rammstein? Oder geht es denen, die Deutschland lieben, um die deutsche Fußball-Nationalmannschaft, auch wenn der Bundestrainer immer mehr Spieler aufs Feld schickt, deren Namen alles andere als deutsch klingen? Jérôme Boateng, Karim Bellarabi, İlkay Gündoğan, Leroy Sané sind nur einige davon.

Spricht Liebe aus so einem Spruch?

Ein Deutschland-Chef, der Deutschland nicht liebte

Leuchtende Aufforderung in Köln

Lieben Sie Deutschland? Der frühere Bundespräsident Gustav Heinemann konnte mit dieser Frage gar nichts anfangen. Der Mann, der von 1969 bis 1974 deutsches Staatsoberhaupt war, gab darauf folgende Antwort: »Ach was, ich liebe keine Staaten, ich liebe meine Frau; fertig!« Mit dem, was man »Vaterlandsliebe« nennt, hatte es Heinemann offensichtlich nicht so sehr.

Wenn man jemanden, der sagt: »Ich liebe Deutschland«, fragt, was das eigentlich bedeuten soll, wird man mit ziemlicher Sicherheit keine Antwort bekommen, die etwas mit einer vernünftigen Erklärung zu tun hat. Am ehesten wird es um Gefühle und Emotionen gehen. Um das Gefühl, zu einer Gruppe zu gehören, die man aus irgendwelchen Gründen großartig findet. Dass man nichts dafür kann, im gleichen Land geboren zu sein wie Manuel Neuer oder Ludwig van Beethoven, tut dabei nichts zur Sache. Der Gedanke geht so: »Deutschland ist ein starkes, reiches, weltweit angesehenes Land. Weil ich durch meine Geburt zu Deutschland gehöre, bin ich auch irgendwie stark, reich und angesehen. Und dafür liebe ich Deutschland.«

Wer so denkt, hat aber oft nicht so sehr Liebe in seinem Herzen, sondern eher das Gegenteil. Wer ruft: »Wer Deutschland nicht liebt, soll Deutschland verlassen«, dem geht es um Aggression, wenn nicht gar um Hass. Aggression gegen die Menschen, die solche Sprechchor-Rufer als Bedrohung ansehen: Menschen, deren Familien nicht schon immer in Deutschland gelebt haben. Oder Menschen, die mit dem Satz »Ich liebe Deutschland« einfach nichts anfangen können.

Kann man dann wenigstens einen Fußballclub lieben? Oder Schokoladeneis?

Was es bedeuten soll, wenn jemand sagt: »Ich liebe Deutschland«, bleibt also ein bisschen rätselhaft. Da scheint es schon leichter zu verstehen zu sein, wenn jemand auf »gutefrage.net« Folgendes postet: »Ich liebe Schalke mehr als meine Freundin, was tun?« Ein Fußballclub kann bei echten Fans ähnliche Emotionen auslösen, wie sie Verliebte spüren. Tiefe Glücksgefühle rauschen durchs Gehirn beim Anblick eines Siegtreffers – so wie sie durchs Hirn eines Verliebten branden, wenn er eine unmissverständliche Liebesbotschaft sieht. Der Fan vergisst sich in der Fankurve selbst – so wie es der Verliebte in den Armen des Menschen erlebt, nach dem er sich sehnt. Der Fan weint vor Trauer und Enttäuschung, wenn sein Club das entscheidende Spiel vergeigt – so wie Verliebte weinen, wenn das Objekt ihrer Sehnsucht sie enttäuscht.

Es ist vielleicht nicht ganz ernst gemeint, wenn jener Fußballfan die Liebe zu Schalke in einen Satz mit der Liebe zu seiner Freundin packt. Aber es gelingt ihm jedenfalls, beides in einen Gedanken zu quetschen: Freundin und Schalke. Sein Problem allerdings könnte sich anders lösen, als er denkt. Wenn seine Freundin seinen Post auf »gutefrage.net« sieht und erkennt, von wem der ist, wird sie wahrscheinlich dafür sorgen, dass der junge Mann bald viel mehr Zeit für Schalke hat.

Liebesbekenntnis im Fußballstadion

Ein Wort

mit vielen Inhalten

*B*eim Reden und Nachdenken über die Liebe stellt sich also ganz klar ein Problem: Das Verb »lieben« kann ganz verschiedene Bedeutungen annehmen. Wenn Jonas sagt: »Ich sehe Michaela und ich sehe Himbeermarmelade an ihren Fingern«, dann bedeutet »sehen« jeweils dasselbe: Licht, das von Michaelas Körper und von der Marmelade auf die Netzhaut seiner Augen geworfen wird, löst dort einen Prozess aus, der »sehen« heißt. Wenn Jonas sagt: »Ich liebe Michaela und ich liebe die Himbeermarmelade an ihren Fingern«, dann heißt »lieben« jeweils ganz Unterschiedliches.

Aber kann man wenigstens
Tiere lieben?

Liebe zum Fußballclub, zu Schokoeis oder Himbeermarmelade ist wohl doch etwas anderes als Liebe zu einem menschlichen Wesen. Die Liebe zu einem Tier hingegen kann durchaus Ähnlichkeiten mit der Liebe zu anderen Menschen haben. Psychologen erleben regelmäßig, dass die Trauer um ein gestorbenes Haustier sich für manche Tierliebhaber anfühlt, als wäre ein nahestehender Mensch gestorben. Einige Friedhöfe bieten an, dass die Asche von toten Haustieren neben dem Grab des jeweiligen Herrchens oder Frauchens beigesetzt wird. Und es gibt wissenschaftliche Studien, wonach der Kontakt mit Tieren im Gehirn die Ausschüttung von Hormonen und Botenstoffen wie Oxytocin und Dopamin anregt, die auch im Kopf von Verliebten und von dauerhaft Liebenden für angenehme Gefühle sorgen.

Und wer liebevolle Gefühle für seinen Hund empfindet, wird dies möglicherweise durchaus auch jemandem erklären können, der mit Haustieren nicht so viel anfangen kann. Wer hingegen sagt, dass er liebevolle Gefühle für Deutschland, England oder Holland empfindet, der wird bei jemandem, der mit dem Satz »Ich liebe X-land« nichts anfangen kann, immer nur eines ernten: Kopfschütteln.

129

Zwischenfrage

LIEBE
IST

... Krone des Lebens, Glück ohne Ruh.

(sagt Johann Wolfgang Goethe, Dichter)

... eher ein Versuch.

(sagt Herbert Grönemeyer, Musiker)

... ein unwiderstehliches Begehren,
unwiderstehlich begehrt zu werden.

(sagt Robert Frost, Schriftsteller)

... der Wunsch, etwas zu geben,
nicht zu erhalten.

(sagt Bertolt Brecht, Schriftsteller)

... der sanfteste und beste Lehrer
der Moral.

(sagt François de La Rochefoucauld, Literat)

... ein seltsames Spiel.

(sagt Connie Francis, Musikerin)

Was ist Liebe?

ANTWORT 11:
»EINE HIMMELSMACHT.«

Oder:
Was hat es mit
der Liebe Gottes
eigentlich auf
sich?

Als Lucas später überlegte, wann er den festen Beschluss gefasst hatte, katholischer Priester zu werden, fiel ihm Alexanders Geburtstag ein. Er erinnerte sich, wie er sich an jenem Abend besonders fremd fühlte. Als Außenseiter hatte er sich vorher schon immer wieder empfunden, wenn andere Jungs mit 15 oder 16 erzählten, dass sie jetzt eine Freundin hatten. Nun aber kam es ihm vor, als ob da eine unsichtbare Wand zwischen ihm und den anderen war, die flirteten, balzten oder herumknutschten.

Dieses Spiel der Blicke zwischen Jungs und Mädchen, die Blödeleien, die vermeintlich zufälligen Berührungen – da konnte er einfach nicht mitmischen. Nicht weil er es nicht wollte, sondern weil er es einfach nicht hinbekam. Er war da blockiert. Warum also nicht ganz offensiv erklären: »Ich werde einen Weg gehen, der mit diesem Spiel nichts zu tun hat, bei dem es aber trotzdem um Liebe geht. Ich werde ein Mann, der Liebe ganz anders lebt. Ich werde jemand, der Liebe zu allen Menschen lebt. Ich werde katholischer Priester.«

Als er kurz nach der Party nach Frankreich in Urlaub fuhr, fand er in einer Kirche ein Blatt mit einigen Sätzen, die er zu seinem Motto beim Thema »Liebe« machte: »Wer Gott gefunden hat, ist wie jemand, der sich zum ersten Mal verliebt.« So wollte er es den anderen erzählen, auch wenn sie ihn noch etwas schräger finden würden: dass er die Liebe Gottes in seinem Innern spürte, so wie andere die Liebe eines anderen Menschen spüren.

Geliebt von jemandem, den man nicht sieht?

Es war Nele, die ihm mit ihren neugierigen Fragen die Möglichkeit gab, seine Gedanken auszusprechen und dabei zu sortieren.

- *Du willst jetzt also wirklich einer von denen sein, die sagen: »Jesus liebt dich.«?*

- *Na ja, dass ich das jetzt genau so die ganze Zeit sagen werde, glaube ich eher nicht. Aber ich empfinde das schon so: dass Gott mich liebt. Und dass Jesus gezeigt hat, was Liebe wirklich ist: für alle Menschen völlig offen zu sein. Und das liegt nicht irgendwie 2000 Jahre zurück. Sondern wenn ich sage, dass Jesus den Tod überwunden hat, dann liebt er mich noch heute. Wobei ich den Satz »Jesus liebt dich« den Leuten nicht so plump aufdrängen würde. Ich will ja nicht für verrückt gehalten werden. Aber ich würde sagen, dass ich spüre, dass Jesus mich liebt, dass Gott mich liebt.*
- *Echt jetzt?*
- *Echt jetzt.*

Nele zog ihre Augenbrauen hoch. Es dauerte einige Momente, bis sie weiterfragte:

- *Und fragst du dich nicht manchmal, ob Gott seine Liebe nicht auf eine etwas merkwürdige Weise zeigt? Liebt Gott die Menschen, wenn er sie an Krebs sterben lässt? Sie mit Erdbeben oder Tsunami-Wellen tötet? Was denkt sich Gott, wenn er Kinder, die er doch so liebt, in Kriegen von Bomben zerfetzen lässt?*

Lucas hatte sich gut zurechtgelegt, was er antworten könnte, wenn er eine solche Frage gestellt bekam. Er fühlte sich ruhig und souverän, als er Nele seine Gedanken erklärte.

- *Klar, da sprichst du heikle Sachen an. Aber, weißt du, wenn in Kriegen Bomben fliegen, dann wirft die nicht Gott. Das machen Menschen. Wenn Erdbeben jemanden töten, haben meist Menschen vorher Häuser schlecht gebaut. Und insgesamt denke ich, dass jemand, dem es schlecht geht, etwa weil er eine Krankheit hat, in Gott Trost finden kann. Wenn er wirklich an Gott glaubt. Er kann etwas finden, das du Liebe nennen kannst. Und gesunde Menschen, die in sich die Liebe Gottes spüren, können diese Liebe weitergeben, indem sie einem solchen Kranken, einem Verletzten helfen.*

Gott ist Liebe?

Lucas hatte viel gelesen in den Wochen zuvor. Er hatte sich Bibelstellen herausgesucht, in denen von der Liebe die Rede war. Etwa den bekannten Satz, den Jesus im Matthäusevangelium sagt: »Du sollst deinen Nächsten lieben wie dich selbst.« Er hatte die Stelle im Alten Testament nachgeschlagen, in der im Dritten Buch Mose genau dieselbe Aufforderung steht – als Gebot auch an jüdische Gläubige. Er hatte die Worte aus dem Brief von Paulus an die Korinther auswendig gelernt: »Wenn ich alle Glaubenskraft besäße und Berge damit versetzen könnte, hätte aber die Liebe nicht, wäre ich nichts.« Er hatte in einem Text des früheren Papstes Benedikt XVI. geblättert, der den lateinischen Titel »Deus caritas est« trug – auf Deutsch: »Gott ist Liebe«. Er hatte in moslemischen Predigten gelesen, in denen ebenfalls viel von der Liebe Gottes und von der Liebe zu Gott die Rede war: »Wie wir alle wissen, ist die Liebe zu Gott die erhabenste und höchste Form der Liebe.«

Lucas hatte viel gegrübelt, was denn die alten und neuen Texte über die Liebe Gottes und die Liebe zu Gott zu bedeuten hatten. Er hatte zwischendrin immer wieder das Gefühl, dass er nicht wirklich verstand, was gemeint war. Doch er erinnerte sich, dass er von Kirchenleuten schon so oft gehört hatte, dass zum Glauben auch das Zweifeln gehöre. Irgendwann beschloss er, dass es letztlich darum ging, eine Entscheidung zu treffen, wenn er sagte: »Ich spüre da etwas, das ich die Liebe Gottes nenne. Ich weiß, dass viele das nicht spüren. Aber das macht mir nichts aus. Ich wende mich allen Menschen und der Welt liebevoll zu, dann fühle auch ich mich voller Liebe.«

Körperliche Liebe nein

Lucas traf sich in der Zeit, als er seine Entscheidung festigte, immer mal wieder mit Nele. Sie fand ihn zwar etwas verrückt, aber sie war auch fasziniert von seinem Mut zum Außenseitertum. Und sie war neugierig, was er mit seinem Leben vorhatte.

- *Hast du eigentlich mal darüber nachgedacht, dass die Kirche, in der du deine Gottesliebe ausleben willst, dir alles verbietet, was mit körperlicher Liebe zu tun hat?*

Lucas hatte sich auch darauf vorbereitet.

- *Ja, ich weiß vom Zölibat. Aber ich will nach dem Abi erst mal als ganz normaler Student katholische Theologie studieren. Ich kann dir nicht sagen, was da mit mir sein wird. Aber wenn es so weit ist, werde ich mich zu dem verpflichten, wozu man sich dann eben verpflichten muss. Es ist schon vielen anderen gelungen, sich daran zu halten. Das wird auch mir gelingen.*

- *Aber warum kann jemand, der sagt, dass er die Menschen liebt, weil er ja Gott liebt, nicht auch das haben, was bei vielen Menschen zur Liebe dazugehört: Sex?*

Lucas hoffte, dass seine Antwort so gelassen rüberkommen würde, wie er es sich wünschte. Denn Tatsache war, dass er nie auch nur in die Nähe von Sex gekommen war.

- *Ich glaube, dass man sich besonders gut auf das konzentrieren kann, was eigentliche Liebe ausmacht, wenn man sich von dem Intensiven, was ja im Sex steckt, fernhält. Ich glaube, dass Liebe klarer sein kann, wenn man sie vom Körperlichen trennt.*

Große Entscheidung

Lucas ist eine erfundene Figur. Holger Adler nicht. Er ist 2002 im Alter von 32 Jahren in den Jesuitenorden eingetreten und hat seitdem viel Zeit mit der Seelsorge für junge Leute verbracht. Zu dem katholischen Männerorden zu gehören, biete ihm viele Möglichkeiten, sagt er. Er findet Halt in einer Gemeinschaft und in der Bindung an die römisch-katholische Weltkirche. Er kann seinen Glauben leben. Zu erklären, wie

Papst Franziskus gilt bei vielen Gläubigen als besonders liebevolles Kirchenoberhaupt.

es sich anfühlt, was viele Kirchenleute mit den Worten »Liebe Gottes« beschreiben, sei schwierig, sagt er. Er würde nie sagen »Jesus liebt dich und damit ist alles gut«, meint Adler: »Das muss man selbst erfahren oder sich erarbeiten.«

Adler muss sich als katholischer Geistlicher an das Zölibat halten, also an Ehelosigkeit und sexuelle Enthaltsamkeit. Das sei eine Herausforderung, sagt er: »Der Mensch verspürt Triebe. Nach Essen, Schlaf – und auch den sexuellen Trieb. Das hat auch der Jesuit.« Aber diese Herausforderung lasse sich bewältigen. Nachdenken und Reflektieren gehören dazu. Die katholische Kirche verwendet ein spezielles Wort dafür, um zu beschreiben, wie es gelingen kann, Sehnsucht nach Sex in andere Bahnen zu lenken: »sublimieren«. Das Nachdenken über die eigenen Bedürfnisse könne ein Teil davon sein, heißt es, oder auch Meditieren. Auch körperliche Anstrengung könne Teil des »Sublimierens« sein, erklärt Holger Adler. Er selbst geht vier- bis fünfmal in der Woche schwimmen. Das tue er vor allem, weil er diesen Sport gerne mag. Danach sei er »ausgepowert, ruhig, entspannt«. Und er denkt sich dann manchmal auch: »Jetzt auch noch Sex? Lieber nicht.«

Aber es gehe nicht nur um den Verzicht auf Sex, betont Adler. Das Leben in einem Orden, der seine Mitglieder immer wieder in andere Teile der Welt schickt, um dort eine neue Aufgabe zu übernehmen, passe mit einer intimen Liebesbindung an einen anderen Menschen nicht zusammen: »Der Jesuit ist verfügbar, also jederzeit bereit, woanders eingesetzt zu werden.« Wenn er mitentscheiden könnte, ob diese Form der erzwungenen Enthaltsamkeit eine gute Sache ist, würde er dennoch dagegen stimmen, sagt Adler. »Ich hätte das Zölibat nicht eingeführt. Aber es ist eben eine Bedingung für anderes, was ich gerne machen möchte.«

Er weiß auch genug über Kirchengeschichte, um zu erklären, dass die Ehelosigkeit nicht nur aus Gründen eingeführt wurde, die etwas mit Glaube oder Gottesliebe zu tun hatten. Im Mittelalter war der Besitz der Priester auch Besitz der Kirche. Wenn Priester Kinder hatten, wurde daher auch Kirchenbesitz vererbt. »Und das konnte ja nicht im Sinne des Evangeliums sein«, sagt Adler mit einem ironischen Lächeln. Es waren also handfeste materielle Gründe mit dabei, als die römisch-katholische Kirche im Mittelalter entschied, dass ihre Geistlichen unverheiratet und kinderlos bleiben müssen.

Andere Glaubensgemeinschaften halten das anders. In den evangelischen Kirchen ebenso wie bei den orthodoxen christlichen Kirchen in Russland oder Serbien ist es üblich oder sogar sehr erwünscht, dass Geistliche verheiratet sind. Das Gleiche gilt fürs Judentum. Auch moslemische Imame müssen nicht enthaltsam leben, was körperliche Liebe angeht.

Der Jesuit Holger Adler ist der Ansicht, dass es für die römisch-katholische Kirche noch einiges zu tun gibt, wenn sie ihre Vorstellungen von der Liebe Gottes mit der Liebe zwischen Menschen in Einklang bringen will. »Die Kirche war über viele Jahrhunderte sehr trickreich darin, Macht über Sexualität auszuüben«, sagt er und ergänzt: »Die katholische Kirche müsste ihr ganzes Körperkonzept überdenken.« Wobei er dabei bleibt: Auch wenn die Kirche und der Jesuitenorden von ihm die Befolgung von Regeln verlangen, die er selbst so nicht aufstellen würde, ermöglichen sie ihm doch ein Leben, das er als sinnerfüllt empfindet. Und auf die Frage, was für ihn Liebe ist, antwortet er: »Die Sache, die das Leben lebenswert macht.«

Was ist Liebe?

ANTWORT 12:
»VIELLEICHT JA ETWAS ...«

... DAS MAN MIT WORTEN
NICHT BIS ZUM
ENDE ERGRÜNDEN KANN.

... DAS MAN EINFACH
FÜHLEN MUSS.

Schlussfrage:
Kann man Fehler machen in der Liebe?

Alexander war stolz auf seine Party. Am Tag danach, ein Jahr danach, zehn Jahre danach. Egal, ob er mittendrin stand oder zwischendurch vom Rand beobachtete, was geschah: Er erkannte, wie viel sich bewegte an jenem Abend. Er sah die eifersüchtigen Blicke von Jakob, der aus der Ferne beobachtete, wie Anna und Moritz sich küssten. Er spürte die machtvolle Energie zwischen den beiden, die aber irgendwie auf verstörende Weise besinnungslos war. Alexander merkte auch, dass Tom für Dominik Blicke hatte, in denen etwas Besonderes mitschwang. Er stand kurz neben Mimi, als sie Jonas auf eine ganze eigene Weise zeigte, wie sehr sie ihn mochte: indem sie sein Erbrochenes aufwischte.

Er genoss es, dass er offenbar einen Rahmen geschaffen hatte, in dem auf verschiedenste Weise etwas vibrierte, hochkochte, tönte, was wohl mit diesem rätselhaften Wort zu tun hatte: Liebe. Das genoss er am Tag nach dem Fest und in den Jahren darauf, wenn andere ihn immer wieder darauf ansprachen. Doch je mehr

er darauf angesprochen wurde, desto stärker wurde auch ein Gefühl, das er schon ab dem ersten Tag nach der Party hatte: Reue.

Er hatte wieder nichts zu Lisa gesagt. Er hatte ihr wieder nicht gezeigt, dass er in sie verliebt war. Er hatte wieder nur gedacht: »Sie müsste es doch merken, dass ich sie auf meine Party einlade, bei allen möglichen Gelegenheiten versuche, in ihrer Nähe zu sein: beim Eisessen, beim Referatemachen, auf Schulfesten. Die Liebe muss uns doch wie zwei Magnete zueinander hinziehen. Da kann ich doch nicht als der eine dieser beiden Magnete nur ganz alleine zu ihr hinrutschen.« Er wusste nicht, wie er das hätte anstellen sollen. Hätte er zu ihr hingehen und sagen sollen: »Ich liebe dich. Ich will, dass wir das sind, was man fester Freund und feste Freundin nennt. Wenn ich ehrlich bin, will ich auch mit dir schlafen!« Hätte er ihr »Lassma rausgehen« sagen und draußen anfangen sollen, sie zu küssen?

Alexander ahnte es, auch wenn es ihm nicht ganz bewusst war: Er hatte das gleiche Problem wie Millionen, gar Milliarden von Menschen. In den vielen Tausend Jahren, in denen sich Mädchen, Jungs, Frauen, Männer Gedanken über die Liebe machen, ist es keinem gelungen, die ultimative Anleitung zu entwerfen, in der ganz genau steht, welches Material (z. B. Worte, Berührungen, Blumen, Geschenke …) man wie zusammensetzen muss (im Gespräch, als Smartphone-Nachricht, als selbst geschriebenes Lied …), damit man am Ende erfolgreich etwas gebastelt hat, was Liebe heißt.

Was tun? Was tun!

Alexander jedenfalls überlegt auf seiner Party gar nicht groß, wie die Bastelanleitung für ihn aussehen könnte. Er macht das, was er gut kennt: cool sein. Später würde er das für einen großen Fehler halten: Er verwechselt Coolsein mit Nichttrauen. Er ärgert sich zwar immer wieder darüber, dass es ihm einfach nicht gelingt, dieses coole Nichttrauen zu überwinden. Aber das ändert nichts daran: Er bekommt es nicht hin, einen Weg zu Lisa zu finden. Wochenlang versinkt er in etwas, das er nicht »Liebeskummer« nennen will. Dieses Wort klingt ihm zu altertümlich, zu parfümiert. Aber ein besseres Wort fällt ihm nicht ein. Immer wieder denkt er sich: »Ist doch klar, dass Lisa an mir nichts finden kann. Ich bin einfach ein Loser. Ein Idiot. Ich bin alles, aber keiner, in den man sich verliebt.« Es gibt sogar Momente, in denen Alexander denkt, er will eigentlich nicht mehr leben. Diese Momente vergehen aber wieder. Nach dem Abi verliert Alexander Lisa aus den Augen. Seine Gedanken wandern immer seltener zu ihr. Ganz vergessen kann er sie jedoch nicht.

Wie könnten weitere Wege von Lisa und Alexander aussehen?

Vielleicht beschließt Alexander irgendwann, das Nichttrauen durch Rangehen zu ersetzen. Auf der einen oder anderen Party trinkt er sich ein bisschen Mut an und probiert aus, ob nicht doch etwas mit einem Mädchen laufen kann, wenn er den Draufgänger markiert. Und tatsächlich: Er holt sich zwar die eine oder andere Abfuhr, doch eine Zeit lang gelingt ihm alle paar Monate eine Knutscherei, sogar mal eine gemeinsame Nacht. Was ihm dabei nicht gelingt: wirklich in Kontakt zu kommen mit Mädchen und jungen Frauen. Und es gelingt ihm auch nicht, über sich selbst voller Überzeugung zu sagen: »Ja, mich kann man eigentlich lieben.«

Vielleicht passiert Folgendes: Einmal, ein paar Jahre nach seiner »Night to remember«, trifft er Lisa wieder auf einer Party. Als er sie sieht, geht es wie ein Stromschlag durch seinen Kopf, er hat fast das Gefühl, dass einen Moment lang sein ganzer Körper zittert. Er fasst einen Beschluss: Jetzt probiert er es. Da muss doch was gehen. Er hat mitbekommen, dass sie in den vergangenen Jahren immer mal wieder einen neuen Freund hatte, und fragt sie, als er sich neben sie stellt: »Na, mit wem bist du gerade zusammen?« Sie schaut ihn verwundert an, geht auf seine Frage nicht ein, sondern redet ganz allgemein darüber, was sie gerade so macht. Alexander denkt sich, er müsse nun wirklich rangehen, beugt sich plötzlich vor und flüstert ihr ins Ohr, dass sie ja schon immer klasse ausgesehen habe, heute Nacht aber sehe sie richtig geil aus. Eine Sekunde später ist Lisa weg. Alexander sieht sie den ganzen Abend nicht mehr. Vielleicht denkt er sich in diesem Moment nur: »Dumme Bitch.«

Bilder im Kopf

Mit Lisa wird es also nichts, mit anderen auch nicht. Vielleicht lässt Alexander die Idee vom »Rangehen« irgendwann sein und baut sich stattdessen über die Jahre hinweg in seinem Kopf ein immer konkreteres Bild davon, wie das perfekte Mädchen, die perfekte Frau aussehen müsste. Er weiß bald, welche Haarfarbe sie haben müsste. Wie groß sie sein müsste. Dass sie nicht rauchen dürfte. Dass sie sich – so wie er – für Neuseeland und Australien interessieren müsste. Dass sie Drinks mögen sollte, aber kein Bier. Denn Bier ist was für Jungs. Sie sollte sich hübsch machen, aber nicht mit anderen rumflirten. Sie sollte sich in ihre Ausbildung und später ihren Beruf reinhängen, aber er sollte das, was er machen will, nicht nach ihr ausrichten müssen. So legt sich Alexander von Monat zu Monat und von Jahr zu Jahr immer genauer zurecht, wie das Traummädchen, die Traumfrau für ihn aussehen müsste. Dumm ist nur: Sie bleibt ein Traum.

Vielleicht fängt er irgendwann auch an, all das, was er mit Mädchen in der wirklichen Welt nicht macht, sich in Filmen und Videos anzuschauen. Das gibt ihm Thrills, wie sie andere wohl nur beim Bungee-Jumping oder Fallschirmspringen erleben. Weil er nicht blöd ist, weiß er natürlich stets, dass das, was in Videos zu sehen ist, nicht unbedingt auch das ist, was normale Menschen in der normalen Welt so anstellen. Aber er sagt sich: »Warum eigentlich normal sein?« So füllt Alexander vielleicht seinen Kopf immer mehr mit Bildern, von denen er irgendwann merkt, dass er sie nicht einfach mit einer Löschtaste wieder aus dem Hirn herausbekommt.

Irgendwann getraut er sich vor sich selbst kaum mehr einzugestehen, dass er in seinem Leben schon Hunderte Stunden damit verbracht hat, sich anzuschauen, wie Frauen vor allem zu einem gemacht werden: zu einem Objekt, an dem Männer ihre Gier abarbeiten. Er fragt sich, wie es wohl wäre, wenn er seine Traumfrau findet, mit ihr zusammenkommt – und sie ihn fragt, was er denn schon so alles erlebt hat. Auch beim Thema körperliche Liebe. Könnte er ihr sagen, dass ein großer Teil seines Erlebens in seinem Kopf stattgefunden hat, vor dem Bildschirm? Und dass er dabei Körper gesehen hat, die Stück für Stück seine Vorstellung davon geprägt haben, wie ein sexy Frauenkörper auszusehen hat – auch wenn er durchaus wusste, dass diese nicht nur von der Natur gestaltet waren, sondern auch von Chirurgen, unter dem Einsatz von einer ganzen Menge Silikon?

Die andere Seite der Coolness

Wie könnte die Geschichte aus Lisas Perspektive aussehen? Vielleicht wäre sie ja gerne von Alexander bei seiner Party angesprochen worden. Vielleicht fand sie ihn ja schon seit einiger Zeit nicht nur süß, sondern richtig interessant. Aber durch seinen Coolness-Panzer zu dringen, das war ihr dann doch zu anstrengend. Zumal auch sie schnell mal nervös wurde, wenn es darum ging, auf einen Jungen zuzugehen. Vielleicht fiel ihr das, womit Alexander seine Probleme hatte, genauso schwer: eine gesunde Selbstliebe zu entwickeln, die es wirklich möglich macht, sich von anderen lieben zu lassen.

Vielleicht hat sie es sich in den nächsten Jahren und Monaten immer mal wieder gefallen lassen, etwas mit Jungs und jungen Männern anzufangen, die nicht ganz so cool daherkamen wie Alexander. Vielleicht hat sie dabei immer mehr die Erfahrung gemacht, dass es fließende Übergänge gibt zwischen Interessezeigen und Respektlosigkeit oder gar Grobheit.

Als Lisa Alexander Jahre nach seiner Party wiedertrifft, freut sie sich vielleicht zunächst, ihn zu sehen. Als er sie fragt, mit wem sie denn gerade zusammen sei, findet sie das aber bescheuert. Das klingt, als ob sie ihre Freunde schneller wechseln würde als ihre T-Shirts. Als er dann auch noch glaubt, ihr ins Ohr raunen zu müssen, dass er sie geil findet, ergreift sie lieber die Flucht. Lieber weggehen, bevor er auch noch anfängt zu grapschen. Das hatte sie auch schon erlebt: Wer einem mit Worten blöd kommt, schickt nicht selten auch die Finger noch hinterher. Wobei sie es später irgendwie schade findet, dass sie mit Alexander nie richtig auf eine Ebene kommt, um zu ergründen, was zwischen ihnen eigentlich ist. Oder sein könnte. Aber wenn es sich nicht ergibt, was soll sie tun? So tut sie erst mal nichts. Außer weggehen. Und auch Alexander tut nichts mehr. So glaubt er.

Nichtentscheiden geht nicht

Auch Nichtstun ist eine Entscheidung. Wenn Alexander Lisa nicht sagt, dass er in sie verliebt ist, trifft er eine Entscheidung: die Entscheidung zu schweigen. Diese Entscheidung kann genauso weitreichend sein wie die Entscheidung, etwas zu sagen. Wenn Lisa Alexander bei seiner Geburtstagsparty nicht fragt, warum er so um sie herumscharwenzelt und was er eigentlich möchte, dann trifft auch sie eine Entscheidung. Die kann genauso weitreichend sein wie der Entschluss, ihn zu fragen.

Und das geht bis ans Lebensende so. Wenn Lisas 45-jähriger Vater sich in die nette Frau verliebt, die mit ihm im Elternbeirat ist, steht er vor einer ganzen Reihe von Entscheidungen, die alle richtig oder falsch sein können. Soll er sein Interesse zeigen? Soll er ihr sagen, dass er sich verliebt hat? Soll er es gar wirklich mit ihr probieren? Oder soll er seine Gefühle für sich behalten? Verpasst er dann möglicherweise etwas? Soll er mit seiner Frau, also Lisas Mutter, über all das reden, was in ihm vorgeht? Soll er eine geheime Affäre beginnen? Soll er schweigen und abwarten, dass es vorbeigeht? Egal, was er tut, er trifft Entscheidungen. Entscheidungen, die alle mit der Liebe zu tun haben.

Selbst die 75-jährige Witwe, die in der Seniorenresidenz den 72-Jährigen im Nachbarzimmer mehr als einfach nur nett findet, steht vor der Frage: Was tue ich jetzt? Welche Entscheidung treffe ich? Will ich entscheiden, ein Gefühl zuzulassen, das viele bei einer 75-Jährigen abwegig und grotesk finden, nämlich Verliebtheit, Liebe? Und wenn ich mich entscheide, dieses Gefühl zuzulassen, was mache ich damit? Lauter Entscheidungen, vor denen 75-Jährige genauso stehen wie 45-Jährige oder 15-Jährige.

Und Alexander und Lisa? Vielleicht treffen sie ja irgendwann doch noch eine ganz eigene Entscheidung: sich immer wieder zu fragen, was Liebe eigentlich ist. Auch wenn sie immer wieder neue Antworten darauf finden. Immer wieder auch verwirrende Antworten. Und immer mal wieder gar keine Antwort.

Und sie treffen vielleicht diese Entscheidung: kein Drehbuch für einen Liebesfilm im Kopf zu haben, sondern die eigene Liebesgeschichte zu schreiben, Tag für Tag. Vielleicht als Liebesroman. Vielleicht als langes, langes Liebesgedicht. Vielleicht sogar als Liebeslied.

Warum eigentlich nicht?

ICH DACHTE ICH WÄR VERLIEBT - ABER ICH HATTE NUR HUNGER.

Stichwortverzeichnis

Literatur

Bartens, Werner; Herrmann, Sebastian: Alles über das Eine. Frankfurt: Eichborn 2007.

Brecht, Bertolt: Große kommentierte Berliner und Frankfurter Ausgabe. Frankfurt: Suhrkamp 1988.

Buss, David M.: The Evolution of Desire. Strategies of Human Mating. New York: Basic Books 2003.

Dawkins, Richard: Das egoistische Gen. Heidelberg: Spektrum 1994.

Deißler, Nina: Beziehungsstatus kompliziert. Die absolute Wahrheit über Männer, Frauen, Sex und Liebe. München: Knaur 2016.

Fisher, Helen: Warum es funkt – und wenn ja, bei wem. München: Knaur 2011.

Friday, Nancy: Eifersucht. Die dunkle Seite der Liebe. München: DTV 1995.

Fried, Erich: Es ist was es ist. Berlin: Klaus Wagenbach 1983.

Fromm, Erich: Die Kunst des Liebens. Zürich: Manesse 1993.

Gernhardt, Robert: Wörtersee. Frankfurt: S. Fischer 1981.

Goethe, Johann Wolfgang: Werke. München: dtv 1999.

Hassebrauck, Manfred: Alles über die Liebe. Warum wir lieben, wen wir lieben, wie wir die Liebe erhalten. München: mvg 2010.

Heine, Heinrich: Werke und Briefe in 10 Bänden. Berlin: Aufbau 1961.

Heyne, Julia: It's a match! So triffst du den Richtigen. München: Knaur 2015.

Kernberg, Otto F.: Liebe und Aggression. Eine unzertrennliche Beziehung. Stuttgart: Schattauer 2014.

Kuske, Christina Nelly: »oh mann« – aus: Leitner, Anton G. (Hg.) »Das Gedicht: Zeitschrift für Lyrik, Essay und Kritik«. Nr. 8. Weßling: Anton G. Leitner Verlag 2000.

Largo, Remo H.; Czernin, Monika: Glückliche Scheidungskinder. München: Piper 2001.

Luhmann, Niklas: Liebe als Passion. Zur Codierung von Intimität. Frankfurt: Suhrkamp 1994.

Lussi, Kurt: Liebestränke. Mythen, Riten, Rezepte. Baden und München: AT Verlag 2006.

Marneros, Andreas: Intimizid – die Tötung des Intimpartners. Stuttgart: Schattauer 2008.

Mathes, Eugene W.: Jealousy: The Psychological Data. Lanham: University Press of America 1992.

Morgenstern, Christian: Gesammelte Werke. München: Piper 1989.

Morson, Det: Das große Buch der Liebeszauber. Anleitungen für Liebeszauber, Sympathiemagie und Hexenzauber. Bürstadt: Esoterischer Verlag 1997.

Naters, Elke; Lager, Sven: Was wir von der Liebe verstehen. München: btb 2010.

Oubaid, Viktor: Eifersucht aus evolutionspsychologischer Perspektive. Aachen: Shaker 2007.

Precht, Richard David: Liebe. Ein unordentliches Gefühl. München: Goldmann 2010.

Roth, Gerhard: Fühlen, Denken, Handeln. Wie das Gehirn unser Verhalten steuert. Frankfurt: Suhrkamp 2003.

Roth, Gerhard: Persönlichkeit, Entscheidung und Verhalten. Stuttgart: Klett 2007.

Schmidbauer, Wolfgang: Coaching in der Liebe. Neue Spielregeln für ein Leben zu zweit. Freiburg: Kreuz 2015.

Schmidbauer, Wolfgang: Die großen Fragen der Liebe. Paarkonflikte verstehen und lösen. München: Goldmann 2014.

Schneemann, Nikolaus: Eifersucht und Eifersuchtswahn. Stuttgart: Enke 1989.

Vieser, Michaela; Schautz, Irmela: Für immer und jetzt. Wie man hier und anderswo die Liebe feiert. München: Kunstmann 2016.

Willi, Jürg: Die Zweierbeziehung. Spannungsursachen, Störungsmuster, Klärungsprozesse, Lösungsmodelle. Reinbek: Rowohlt 1975.

Bildnachweis

Nikolaus Nützel privat: S. 12, 18, 21, 24, 29, 31, 35, 37, 41, 60, 61, 69, 73, 79, 83, 92, 93, 98, 105, 108, 121, 126, 133, 135, 141
Karoline Adler privat: S. 138
Heike John privat: S. 36
dpa Picture-Alliance GmbH: S. 19 picture alliance/AP Images, S. 62 dpa, S. 63 o. picture alliance/Keystone, S. 63 u. dpa – Fotoreport, S. 125 dpa, S. 127 picture alliance/Pressefoto Ulmer
imago: S. 32 imago/photothek, S. 49 imago/ZUMA Press, imago/Michael Wigglesworth, imago/Starface (v.l.n.r.), S. 63 M. imago/PicturePerfect
Getty Images/Thinkstock; Fotolia: Andrey Popov, amovitania, artender, Blaz Kure, christiane65, claudettethebat, croisy, daboost, Daria Rosen, designer_an, detailblick-foto, djvstock, DoraZett, DragonImages, efks, eireenz, Elnur, finevector, Hayati Kayhan, hurca.com, iberoz, Janina Dierks, kostikovanata, kozlik_mozlik, lumberman71, maria_galybina, mas0380, maximleshkovich, mhatzapa, Mickeing, mo-ment, oneinchpunch, PeJo, rcfotostock, Robin, rodrusoleg, rohappy, sergojpg, Smileus, stasknop, TELCOM-PHOTOGRAPHY, tiago-zr, Victoria M, Yiucheung

Textnachweis

S. 14: Robert Gernhardt, Ebbe und Flut. Aus: ders., Wörtersee.
© Robert Gernhardt 1981. © S. Fischer Verlag, Frankfurt am Main 1996, 978-3-10-025511-2
S. 15: Kuske, Christina Nelly: »oh mann« – aus: Leitner, Anton G. (Hg.) »Das Gedicht: Zeitschrift für Lyrik, Essay und Kritik«. Nr. 8. Weßling: Anton G. Leitner Verlag 2000
S. 64/65: »Erinnerung an die Marie A.«, aus: Bertolt Brecht, Werke. Große kommentierte Berliner und Frankfurter Ausgabe, Band 11: Gedichte 1.
© Bertolt-Brecht-Erben/Suhrkamp Verlag 1988
S. 102: Erich Fried, Es ist was es ist
© Verlag Klaus Wagenbach, Berlin 1983
S. 115: Uwe-Michael Gutzschhahn: »Liebe Not«,
© Uwe-Michael Gutzschhahn

In einigen Fällen war es leider nicht möglich, für den Abdruck der Bilder und Texte die Rechteinhaber zu ermitteln. Der Verlag entschuldigt sich für eventuelle Versäumnisse und wird gegebenenfalls Korrekturen in zukünftigen Auflagen vornehmen.

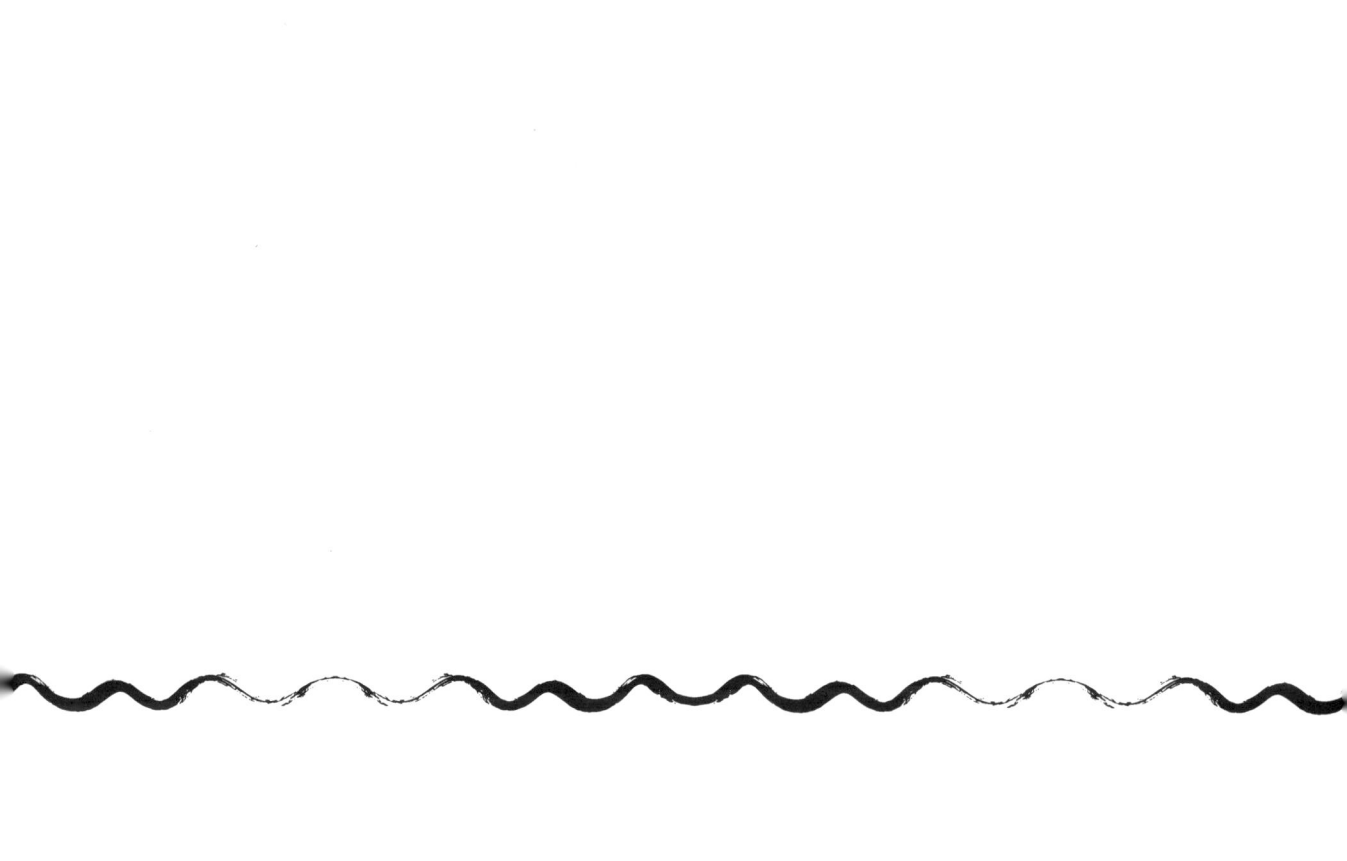